9급 공무원
국어
정답 및 해설

KB159169

신념을 가지고 도전하는 사람은 반드시 그 꿈을 이룰 수 있습니다.

처음에 품은 신념과 열정이 취업 성공의 그 날까지 빛바래지 않도록

서원각이 수험생 여러분을 응원합니다.

Preface

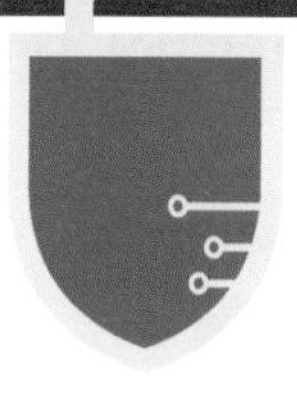

시험의 성패를 결정하는 데 있어 가장 중요한 요소 중 하나는 충분한 학습이라고 할 수 있다. 하지만 무작정 많은 양을 학습하는 것은 바람직하지 않다. 시험에 출제되는 모든 과목이 그렇듯, 전통적으로 중요하게 여겨지는 이론이나 내용들이 존재한다. 그리고 이러한 이론이나 내용들은 회를 걸쳐 반복적으로 시험에 출제되는 경향이 나타날 수밖에 없다. 따라서 모든 시험에 앞서 필수적으로 짚고 넘어가야 하는 것이 기출문제에 대한 파악이다.

최근 공무원 시험 국어 과목은 수능 유형의 문제가 점차 늘어나 단순 암기나 이해가 아닌 사고력, 분석력, 추리력, 응용력을 요하고 있다. 생소하거나 난도 높은 지문도 자주 출제되고 있으므로 교과서 영역을 벗어난 폭넓은 접근이 중요하다. 한글맞춤법과 표준어 규정, 외래어와 로마자 표기법, 비문학 독해, 한자와 문학, 문법과 문학 등에 대한 학습과 더불어 서로 연관 지어 분석·해결하는 심도 있는 학습이 필요하다. 또한 각 시행처별로 출제유형이 조금씩 다르므로 여러 해의 기출문제를 폭넓게 검토해 매번 출제되는 문제에 대한 대비가 필요하다.

9급 공무원 기출문제 시리즈는 기출문제 완벽분석을 책임진다. 그동안 시행된 국가직·지방직 및 서울시 등 기출문제의 해설을 연도별로 수록하여 매년 빠지지 않고 출제되는 내용을 파악하고, 다양하게 변화하는 출제경향에 적응하여 단기간에 최대의 학습효과를 거둘 수 있도록 하였다. 또한 상세하고 꼼꼼한 해설로 기본서 없이도 효율적인 학습이 가능하도록 하였다.

9급 공무원 시험의 경쟁률이 해마다 점점 더 치열해지고 있다. 이럴 때일수록 기본적인 내용에 대한 탄탄한 학습이 빛을 발한다. 수험생 모두가 자신을 믿고 본서와 함께 끝까지 노력하여 합격의 결실을 맺기를 희망한다.

Contents

9급 공무원 국어 정답 및 해설

Structure

기출문제 학습비법

step 01
기출문제를 풀어보며 실제 시험유형을 파악해 보자! 스톱워치를 활용하는 것도 좋은 TIP

step 02
정답을 맞힌 문제라도 꼼꼼한 해설을 통해 다시 한 번 내용 확인!! 무료로 제공하는 최신 해설 강의도 놓치지 말자.

step 03
오답분석을 통해 내가 취약한 부분을 파악하자. 오답노트는 시험 전 큰 자산이 될 것이다.

step 04
합격의 비결은 반복학습에 있다. 반복학습을 통해 합격의 주인공이 되자!

본서의 특징 및 구성

꼼꼼하고 자세한 해설

상세한 해설을 통해 한 문제 한 문제에 대한 완전학습을 꾀하였다. 정답에 대한 설명뿐만 아니라 오답에 대한 보충 설명도 첨부하여 따로 이론서를 찾아볼 필요 없이 효율적인 학습이 될 수 있도록 구성하였다.

2010~2020년 기출문제 제공

서원각 네이버 공식카페 '공무공부'에서 2010~2020년 기출문제를 무료로 제공한다. 네이버 카페에서 '공무공부'를 검색, 가입 후 기출문제를 다운받을 수 있다.

9급 공무원
국어
정답 및 해설

2010. 4. 10. | 행정안전부 시행

1 ①

② 김씨→김 씨, 호칭어인 '씨'는 띄어 써야 옳다.
③ 큰 일→큰일, 틀림 없다→틀림없다, '큰일'은 '중대한 일'을 나타내는 합성어이므로 붙여 써야 하며 '틀림없다'는 형용사이므로 붙여 써야 한다.
④ 몇 일→며칠, '몇 일'은 없는 표현이다. 따라서 '며칠'로 적어야 옳다.

2 ①

'이와 혀'라는 대립적인 속성을 지닌 사물을 이용하였고, '어머니와 아버지'로 유추와 대조의 표현 효과를 살렸다. 또한 '건강하게'라는 가치의 요소를 드러냄으로써 조건을 충족시키고 있다.
②④ '조화의 가치'가 제시되지 않았다.
③ '유추'가 제시되지 않았다.

3 ④

④ 걸맞는→걸맞은, '걸맞다'는 형용사이므로 관형사형 어미 '–는'은 사용할 수 없으며 진행형과 명령형으로 사용할 수 없다.

4 ④

제시된 문장에서 '신화'는 '사람들이 맹목적으로 믿고 있는 일'의 의미로 쓰였다.
① 신비스러운 일
②③ 절대적이고 획기적인 업적

5 ②

㉡의 '소설만 그런 것이 아니다.'라는 문장을 통해 앞 문장에 소설에 대한 내용이 와야 함을 유추할 수 있으므로 ㉣이 ㉡ 앞에 와야 한다. 또한 '이처럼'이라는 지시어를 통해 ㉣㉡의 부연으로 ㉢이 와야 함을 유추할 수 있으므로 제시된 글의 순서는 ㉣㉡㉢㉠가 적절하다.

6 ①

① **주마가편**(走馬加鞭) … 달리는 말에 채찍질 한다는 뜻으로, 잘하는 사람을 더욱 장려함을 이르는 말이다.
② **주마간산**(走馬看山) : 말을 타고 달리며 산천을 구경한다는 뜻으로, 자세히 살피지 않고 대충대충 보고 넘김을 이르는 말이다.
③ **절치부심**(切齒腐心) : 몹시 분하여 이를 갈며 속을 썩이는 것을 뜻하는 말이다.
④ **견문발검**(見蚊拔劍) : 모기를 보고 칼을 뺀다는 뜻으로, 사소한 일에 크게 성을 내어 덤

7 ②

갈바람 … '가을바람'의 준말로, 뱃사람들이 서쪽에서 부는 바람을 이르는 말이다.
① **샛바람** : 동쪽에서 부는 바람을 뜻한다.
② **하늬바람** : 서쪽에서 부는 바람으로, 주로 농촌이나 어촌에서 이르는 말이다.
③ **마파람** : 남쪽에서 부는 바람을 뜻한다.
④ **된바람** : 북쪽에서 부는 바람을 뜻한다.

8 ②

제시된 작품은 윤동주의 '쉽게 씌어진 시'로 밑줄 친 부분은 현실적 자아와 본질적 자아가 악수를 통해 화해하고 있는 부분으로 부정적이고 슬픈 현실을 극복하고 밝은 미래에 대한 확신을 가지는 부분이다. 이형기의 '낙화'도 마찬가지로 슬픔의 승화를 통해 성숙하는 화자의 모습을 보여주면서 부정적인 현실을 극복하고 있다.
① 오장환의 '고향 앞에서'
③ 김춘수의 '꽃'
④ 신동엽의 '산에 언덕에'
※ **윤동주의 쉽게 씌어진 시**
㉠ **갈래** : 서정시, 자유시, 주의시
㉡ **성격** : 고백적, 저항적, 의지적
㉢ **표현** : 상징어를 사용하고, 서술에 의한 심상을 제시함
㉣ **운율** : 내재율
㉤ **어조** : 독백적
㉥ **주제** : 자기반성과 암담한 현실에 대한 극복의 의지

9 ①

① '금하다'는 '어떤 일을 하지 못하게 말리다.'의 뜻이므로 '외부인의 출입을 금합니다.'는 옳은 표현이다.

10 ④

④ '김정호는 정밀한 지도의 보급이라는 사회적 욕구와 변화를 인식하고 그것을 실현하였던 측면에서 더욱 빛을 발한다.'라는 문장을 통해 지도 제작이 국가의 과제가 아닌 사회적 욕구와 변화에 의한 것임을 알 수 있다.

11 ④

④ 열심히 실력을 쌓아라 → 열심히 실력을 쌓으라. 신문 기사처럼 특정한 독자가 정해지지 않은 때에는 간접의 명령을 나타내는 종결 어미인 '-으라'를 쓴다.

12 ①

① 갱신(更新) : 법률관계의 존속기간이 끝났을 때 그 기간을 연장하는 일
갱생(更生) : 마음이나 생활 태도를 바로잡아 본디의 옳은 생활로 되돌아가거나 발전된 생활로 나아감
② 살생(殺生) – 상쇄(相殺)
③ 부결(否決) – 비색(否塞)
④ 개척(開拓) – 탁본(拓本)

13 ②

② [위딘몸] → [윈닌몸]. 다음 음절의 초성이 'ㅣ, ㅑ, ㅕ, ㅛ, ㅠ'로 시작할 때에는 'ㄴ'을 첨가하여 발음한다.

14 ③

㉠ 見物生心(견물생심) : 어떠한 실물을 보게 되면 그것을 가지고 싶은 마음이 생김을 뜻하는 말
㉡ 大同小異(대동소이) : 큰 차이가 없이 거의 같음을 뜻하는 말
㉢ 拔本塞源(발본색원) : 좋지 않은 일의 근본 원인이 되는 요소를 완전히 없애 버려서 다시는 그러한 일이 생길 수 없도록 함을 뜻하는 말
㉣ 不偏不黨(불편부당) : 아주 공평하여 어느 쪽으로도 치우침이 없음을 뜻하는 말

15 ③

어간의 끝음절 '하'가 아주 줄 적에는 준 대로 적는다〈한글 맞춤법 제40항 붙임2〉.

① 윗층 → 위층
② 뒷편 → 뒤편
④ 생각컨대 → 생각건대

※ 어간의 끝음절 '하'가 줄어드는 말

본말	준말
거북하지	거북지
생각하건대	생각건대
생각하다 못해	생각다 못해
깨끗하지 않다	깨끗지 않다
넉넉하지 않다	넉넉지 않다
못하지 않다	못지않다
섭섭하지 않다	섭섭지 않다
익숙하지 않다	익숙지 않다

16 ②

① Jeonjoo → Jeonju
③ 후라이팬 → 프라이팬
④ Chonggyechon → Cheonggyecheon

17 ③

③ 현대 국어의 자모 순서는 1933년 '한글맞춤법 통일안'에서 제시된 것을 따르고 있다.

※ 훈몽자회 … 조선 중종 22년(1527)에 최세진이 지은 한자 학습서로 자모의 순서는 'ㄱ, ㄴ, ㄷ, ㄹ, ㅁ, ㅂ, ㅅ, ㆁ, ㅋ, ㅌ, ㅍ, ㅈ, ㅊ, ㅿ, ㅇ, ㅎ'이다.

18 ①

② 이곳에 주차하는 사람에게는 과태료를 부과하니 주의하기 바랍니다.
③ 행정 당국은 위험 지역을 신속하게 재점검하고 그에 대한 긴급 대책을 마련해야 한다.
④ 각 지역에 설치된 은행은 혈관이고, 중앙은행은 마치 심장과 같다.

19 ④

④ 미립은 '경험을 통하여 얻은 묘한 이치나 요령'을 말하며 '미립이 나다', '미립을 얻다', '미립이 환하다', '미립이 트다'의 형태로 쓰인다.

20 ③

③ '그것은 상형의 힘이라고 한다. 그게 뭘까? 그림의 힘이다. 이미지의 힘이다.'라는 문장을 통해서 한자의 끈질긴 생명력이 이미지의 힘임을 알 수 있다. 따라서 한자의 비중이 크고 발음기관의 모양과 사물의 모양을 본떠 만든 한글 역시 표의주의를 통해 이미지의 직관력을 지니고 있으므로 이미지를 배제한 문자라는 것은 옳지 않다.

국어

2010. 5. 22 | 상반기 지방직 시행

1 ③

불치하문(不恥下問) … 손아랫사람이나 지위나 학식이 자기만 못한 사람에게 모르는 것을 묻는 일을 부끄러워하지 않는 것을 의미한다.

① **하석상대**(下石上臺) : 아랫돌 빼서 윗돌 괴고 윗돌 빼서 아랫돌 괸다는 말로, 임시변통으로 이리저리 둘러맞추는 것을 의미한다.

② **후생가외**(後生可畏) : 후배들이 선배들보다 젊고 기력이 좋아, 학문을 닦음에 따라 큰 인물이 될 수 있기 때문에 두렵다는 것을 의미한다.

④ **후안무치**(厚顔無恥) : 뻔뻔스러워 부끄러움이 없음을 뜻한다.

2 ①

① 심포지움 → 심포지엄

3 ②

고식적(姑息的) … 근본적인 대책을 세우지 아니하고 임시변통으로 하는 일을 뜻한다.

① 여러 사람들 사이에 끼지 못하고 따돌림을 당하는 사람을 이르는 말이다.

③ 성미가 급하여 몹시 재촉하고 서두르는 행동을 이르는 말이다.

④ 이미 일이 잘못된 후에는 손을 써도 소용이 없음을 이르는 말이다.

4 ①

구분 … 일정한 기준에 따라 전체를 몇 개로 갈라 나누는 것으로, 상위개념을 하위개념으로 나눌 때 쓰인다.

㉮ 시계는 시침, 분침, 초침으로 나뉜다.

분류 … 종류에 따라 갈라 나누는 것으로, 하위개념을 상위개념으로 묶을 때 쓰인다.

㉮ 강아지, 고양이, 코끼리는 포유류이고 참새, 기러기, 까마귀는 조류이다.

5 ④

마디가 있어야 새순이 난다 … 어떤 일이든지 특정한 계기가 있어야 참신한 일이 생긴다는 뜻이다.

① 피해도 될 일에 끼어들어 화를 당하는 것을 이르는 말이다.

② 공연한 일을 하여 화를 자초하는 것을 이르는 말이다.

6 ④

㉠ 백분률 → 백분율

㉢ 내가 갈께 → 내가 갈게

㉤ 촛점 → 초점

7 ②

추어올리다 … '실제보다 높여 칭찬하다'의 뜻으로 쓰인다.

※ **추켜올리다와 추어올리다**

'위로 끌어 올리다'의 뜻으로 사용될 때는 '추켜올리다'와 '추어올리다'를 함께 사용할 수 있지만 '실제보다 높여 칭찬하다'의 뜻으로 사용될 때는 '추어올리다'만 사용해야 한다.

8 ④

④ Nakddonggang → Nakdonggang, '된소리되기'는 로마자 표기법에 반영하지 않는다.

9 ④

안견은 시사(時事)의 위태로움을 알고 안평대군과 소원하게 지내고 싶었지만 그렇게 할 수가 없는 상황이었다. 안견은 안평대군과 멀어지기 위해 일부러 용매묵을 훔친 뒤 자신을 쫓아내게 함으로써 화를 면할 수 있었다.

10 ④

④ "이러한 '쓰기'에 의해 코드화된 시각적인 표시는 말을 사로잡게 되고, 그 결과 그때까지 소리 속에서 발전해 온 정밀하고 복잡한 구조나 지시 체계의 특수한 복잡성이 그대로 시각적으로 기록될 수 있게 되고, 나아가서는 그러한 시각적인 기록으로 인해 그보다 훨씬 정교한 구조나 지시 체계가 산출될 수 있게 된다."라는 구절에서 시각적 코드 체계를 사용함으로써 비로소가 아닌 그 이전보다 훨씬 정교한 구조나 지시 체계를 마련할 수 있었다는 것을 알 수 있다.

11 ①

'유학'은 학문의 관점, '유교'는 종교적 관점으로 글이 진행되고 있음을 알 수 있다. 유학이 유교일 수 없다고 주장하는 사람들은 유교가 삶과 죽음의 문제에 대한 해답이 없기 때문에 유학은 유학일 뿐 유교일 수 없다고 말하고 있다.

12 ②

독일에서 여성을 뜻하는 말이 여성에 대한 사회적 인식 변화와, 추구하는 가치에 따라 변화하고 있음을 볼 때, 언어는 사회적 가치를 반영한다고 할 수 있다.

13 ①

제시된 문장은 주어(해결책)와 서술어(달려 있다)가 호응하지 않는다. 따라서 주어(해결책)와 서술어(것이다)가 호응하는 ①이 정답이다.

14 ①

괴괴하다 … 쓸쓸한 느낌이 들 정도로 아주 고요하다.

② 이상야릇하다.

③ 고요하고 엄숙하다.

④ 기운이 차고 쓸쓸하다.

15 ③

비자목 바둑판의 이야기로, '하마터면 목침감이 될 뻔했던 것이, 그 치명적인 시련을 이겨내면 되레 한 급(級)이 올라 특급품이 되어 버린다.'라는 문장을 통해 '전화위복'의 교훈을 이끌어내고 있다.

※ **전화위복(轉禍爲福)** … 재난과 화난이 바뀌어 오히려 복이 되는 것을 의미한다.

16 ②

② '거북의 등에 있는 무늬처럼 갈라져 터짐'의 뜻을 가진 균열은 '龜裂(틀 균, 찢어질 열)'로 쓰는 것이 옳다.

17 ③

제시된 글에서는 질병이 '인간의 몸 안에서 일어나는 정교하고도 합리적인 자기 조절 과정'이라고 말하며 질병을 긍정적으로 보고 있다. 따라서 질병은 '자기 치료 과정이 정상적으로 가동하고 있는 상태'라고 하는 것이 필자의 생각과 일치한다고 할 수 있다.

18 ②

㈑ 나라별 @의 명칭→㈏ 핀란드와 러시아에서 @의 명칭이 변함→㈎ 아시아에서 @의 명칭이 또 변함→㈒ @의 명칭으로 본 문화의 다양성과 글로벌 스탠더드의 어려움→㈐ 우리나라의 @명칭인 골뱅이가 가장 @과 유사한 명칭인 것으로 생각

19 ③

③ 제시된 시는 월명사의 제망매가로 누이의 죽음을 추모하는 향가이다. 마지막 두 행은 누이의 죽음으로 인한 슬픔과 삶의 무상감을 종교적으로 극복하려는 의지가 담겨져 있다고 할 수 있다.

20 ②

② 토의는 어떠한 문제에 대해 여럿이 협동하여 문제의 해결 방안을 모색하는 담화이다. 따라서 정과 반의 대립을 전제로 하지는 않는다.

※ **토의와 토론**

㉠ 토의 : 어떠한 문제에 대하여 검토하고 협의하는 것을 뜻한다.

㉡ 토론 : 어떠한 문제에 대하여 여러 사람들이 각각의 의견을 말하며 논의하는 것을 뜻한다.

2010. 6. 12 | 서울특별시 시행

1 ⑤

표준어의 실제 발음을 따르되 국어의 전통성과 합리성을 고려하여 정함을 원칙으로 한다. 전통성과 합리성을 고려한다는 것은 한글맞춤법 총칙 제1항 '표준어를 소리대로 적되, 어법에 맞도록 함을 원칙으로 한다'와 상응한다고 이해하면 된다.

2 ②

① 상치쌈 → 상추쌈
③ 지리한 → 지루한
④ 주구료 → 주구려
⑤ 바래우 → 바라우

3 ③

'꼬이다'의 준말은 '꾀다'이다. 따라서 '꼬다/꼬이다'는 복수표준어가 아니고, '꾀다/꼬이다'가 복수표준어이다.

4 ⑤

① 과반수(過半數)가 넘는 찬성 → 과반수의 찬성
② 미리 예습(豫習)하는 → 예습하는
③ 그때 당시(當時) → 당시
④ 어려운 난관(難關) → 난관
⑤ '돈독(敦篤)하다'는 의미상 중복된 표현이라 생각할 수도 있지만 각각 홀로 쓰일 수 없는 한단어로 '도탑고 성실하다'는 의미로 쓰인다.

5 ④

① 초콜렛 → 초콜릿
② 컨셉 → 콘셉트
③ 악세사리 → 액세서리
⑤ 레포트 → 리포트

6 ①

② 끝발 → 끗발, 굼뱅이 → 굼벵이, 신락원 → 실낙원
③ 칠흙 → 칠흑
④ 화토 → 화투, 호도 → 호두, 고기국 → 고깃국
⑤ 가자미식혜 → 가자미식해, 씨래기 → 시래기, 두더쥐 → 두더지

※ 가자미식해 … 가자미를 삭혀서 만든 함경도 고유의 젓갈

7 ⑤

한글 맞춤법 제30조에 의한 사이시옷은 순우리말과 순우리말, 순우리말과 한자어가 결합된 경우에만 적는다. 그러나 예외로 한자어와 한자어가 결합된 경우에도 사이시옷을 붙이는 단어들이 있는데 찻간, 툇간, 곳간, 숫자, 횟수, 셋방 6개가 해당한다.

⑤ 냇과 → 내과

8 ②

두억시니 … 모질고 사나운 귀신의 하나로 비슷한 말로는 야차(夜叉)가 있다. 현기영의 '변방에 우짖는 새'에 '겉은 순한 양 같으나 속은 두억시니 같다'는 표현이 있다.

9 ④

※ 한자해설

㉠ 규범(閨範) : 부녀자가 지녀야 할 도리나 범절
㉡ 규범(規範) : 인간이 행동하거나 판단 할 때에 마땅히 따르고 지켜야 할 가치 판단의 기준
㉢ 지향(志向) : 어떤 목표로 뜻이 쏠리어 향함 또는 그 방향이나 그쪽으로 쏠리는 의지, 의식이 어떤 대상을 향하고 있는 일
㉣ 지향(指向) : 작정하거나 지정한 방향으로 나아감. 또는 그 방향
㉤ 지양(止揚) : 더 높은 단계로 오르기 위하여 어떠한 것을 하지 아니함
㉥ 병폐(病弊) : 병통과 폐단을 아울러 이르는 말
㉦ 병폐(病廢) : 병으로 인하여 몸을 제대로 쓰지 못하게 됨
㉧ 시정(是正) : 잘못된 것을 바로잡음
㉨ 시정(施政) : 정치를 시행함 또는 그 정치
㉩ 내포(內包) : 어떤 성질이나 뜻 따위를 속에 품음
㉪ 내포(內抱) : 사전에 실려 있지 않은 어휘

10 ④

① **요산** : 목술 관계(산을 좋아한다)
② **치국** : 술목 관계(나라를 다스린다)
③ **수신** : 목술 관계(몸을 다스리다)
④ **귀가** : 술보 관계(집에 돌아가다)
⑤ **독서** : 목술 관계(책을 읽다)

11 ④

위 작품은 이정신의 사설시조이며, ①②③⑤는 시설시조의 특징이나 ④는 일반 조선전기 평시조에서 주로 볼 수 있는 경향이다.

※ **사설시조**
㉠ **발생** : 평민의식, 산문정신을 배경으로 17세기에 등장, 18세기에 성행
㉡ **형식** : 평시조에서 2구 이상 길어지는데, 대개 중장이 길어진다.
㉢ **별칭** : 엮음시조, 농(弄)시조
㉣ **주제** : 양반 사회의 비판, 승려에 대한 희롱, 가족제도에서의 갈등, 서민생활의 애환, 진솔한 애정 표현 등을 주로 표현하였다.
㉤ **특징** : 가사투와 민요풍의 혼입, 평민층의 작품으로 대부분 작자미상, 서민생활과 밀착된 소박한 소재, 폭로적인 묘사와 산문화 경향, 반어와 풍자, 익살 등의 해학미를 구현하였다.

12 ①

고대가요 → 향가 → 고려속요 → 경기체가 → 시조 → 가사 순서로 작품을 생각한다.

① 서동요(향가) – 청산별곡(고려속요) – 사미인곡(조선 전기 가사) – 어부사시사(연시조) – 일동장유가(조선 후기 가사)

13 ②

조선 순조 때 판소리의 이론가였던 신재효가 지은 '광대곡'에서는 광대의 조건을 인물 – 사설 – 득음 – 너름새의 순으로 정하고 있다.

14 ①

'성산별곡'은 정철이 창평(昌平)에 살 때, 그의 처외재당숙인 김성원(金成遠)을 위하여 지은 것이다. 창평면 지곡리에 있는 별뫼(星山)의 춘하추동 4계절의 변화와 서하당(棲霞堂)의 주인인 김성원의 풍류를 읊었다.

② **관동별곡**(정철) : 관동의 산수미에 감회를 섞은 기행 가사
③ **사미인곡**(정철) : 창평에 은거하여 한 여인에 가탁하여 연군을 노래한 작품
④ **속미인곡**(정철) : 사미인곡의 속편으로 두 여인의 대화 형식으로 된 연군의 노래
⑤ **장진주사**(정철) : 최초의 사설시조로 이백의 '장진주'의 영향을 받은 권주가의 일종

15 ②

① 김소월의 '진달래꽃'은 민요적 특성(3음보)을 가진다.
② 한용운의 시집 '임의 침묵'의 서문에 실려있는 시이다.
③⑤ 김소월의 작품이다.
④ 김소월의 스승이다.

16 ⑤

① 의식의 흐름 기법은 1인칭 주인공 시점에서 주로 쓰인다.
② 이상의 '날개'는 1인칭 주인공 시점이다.
③ 전지적 작가 시점이다.
④ 3인칭 관찰자 시점이다.
⑤ 1인칭 관찰자 시점이다.

17 ③

③ 서정주의 시에 대한 특징을 묻는 문제로 설화적 세계와 반역사적 지향을 토대로 한 시는 신라초를 썼던 시기이므로 신라가 들어가는 것이 가장 알맞다.

※ **서정주의 시**
㉠ **화사집** : 토속적인 분위기를 배경으로 하여 인간의 원죄의식과 원초적인 생명력을 읊었다.
㉡ **귀촉도** : 동양적인 사상의 세례를 받아 영겁의 생명을 추구하는 방향으로 전환하고, 분열이 아닌 화래를 시적 주제로 한 시기에 쓰여졌다.
㉢ **신라초** : 신라를 역사적인 실체라기보다는 인간과 자연이 완전히 하나가 된 상상력의 고향으로 그렸다. 불교사상에 기초를 둔 신라의 설화를 제재로 하여 영원회귀의 이념과 선(禪)의 정서를 부활시켰고, 유치환과 더불어 생명파 시인으로 불리게 되었다.
㉣ **동천** : 불교의 상징세계에 대한 관심이 엿보이며 전통적인 서정세계에 대한 관심에 바탕을 두고 토착적인 언어의 시적 세련을 달성하였다. 시 형태의 균형과 질서가 내재된 율조로부터 자연스럽게 조성되고 있다.

18 ①

② 벙어리 삼룡이 – 나도향
③ 백치 아다다 – 계용묵
④ 봄봄 – 김유정
⑤ B사감과 러브레터 – 현진건

19 ④

이 작품은 시인이 일가를 이끌고 일제의 탄압을 피해 만주로 갔을 때의 시대적 상황과 결부되어 있다. 화자는 어디인들 광명이 없겠느냐며 만주 벌판으로 떠난다. 그곳에서 모든 생명을 열렬히 사랑하되 이러한 상황에서 애련에 빠지는 것은 치욕이기에 애련에는 빠지지 않겠다고 말하고 있다. 이를 통해 원초적인 생명성을 추구하고 있음을 알 수 있다.

20 ①

① 각박한 현실에 안주하지 못하는 결핍의 현대인들의 동경의 세계를 표현하였다는 점을 미루어 볼 때 당대 사회의 모습을 보여주는 지표가 될 수 있다는 반영론적 관점으로 볼 수 있다.

2010. 8. 14 | 국회사무처(8급) 시행

1 ①

제시문은 한용운의 '복종(服從)'이다.

2 ②

- 의미의 특수화 : 놈
- 의미의 일반화 : 겨레, 영감, 장인
- 타락적 변화 : 마누라

3 ⑤

⑤ '굿모닝 미스터 오웰'은 백남준이 조지 오웰을 비꼬는 의도로 창작한 작품으로 ㉠에는 '조롱' 등의 단어가 적절하다.

4 ②

제시문은 기미선언서의 일부분이다. (가)는 '자기를 채찍질하기에 급한 우리는 일본을 원망할 틈이 없다. 현재를 준비하기에 급한 우리들은 지난날의 잘못을 따질 틈이 없다.'라는 내용으로 일본의 책임을 묻지 않겠다는 구절 뒤인 ㉡에 들어가야 한다.

5 ④

④ 숙식을 부치다: 먹고 자는 것을 제 집이 아닌 곳에 의지하다
① 성장 → 생장
② 웬지 → 왠지
③ 불가결 → 불가피
⑤ 교육시키는 → 교육하는

6 ②

② '길경'은 도라지로 도라지꽃은 7~8월인 여름에 핀다. 따라서 이 시의 배경은 여름이라고 할 수 있다.

7 ⑤

제시문은 맹자의 글이다.
⑤ 學文之道無他 求其放心而已矣: 학문의 길은 다른 데 있지 않고 방심을 구하는 데 있다.

8 ③

㈏ 민주주의는 결코 하루아침에 이룩될 수 없는데 이것은 ㈑ 민주주의가 비교적 잘 실현되고 있는 서구 각국의 역사를 돌아보아도 그러하다. ㈓ 민주주의는 정치, 경제, 사회의 제도 자체에서 고루 이루어져야 할 것은 물론, 우리들의 의식 속에서 이루어져야 하기 때문인데 ㈐ 그렇게 본다면 이 땅에서의 민주 제도는 너무나 짧은 역사를 가지고 있다. ㈒ 우리의 의식 또한 확고하게 위임된 책임과 의무를 깊이 깨닫고, 민중의 뜻을 남김없이 수렴하여야 하며 ㈎ 수렴된 의도를 합리적으로 처리해야 할 것이다.

9 ①

② 철수 뿐이다 → 철수뿐이다
③ 떠난지 → 떠난 지
④ 애 쓴만큼 → 애쓴 만큼
⑤ 김영희여사 → 김영희 여사

10 ①

① '가리'는 곡식이나 장작 따위의 더미를 세는 단위로 한 가리는 스무 단이다.
② '바리'는 마소의 등에 실은 짐을 세는 단위이다.
③ '거리'는 오이나 가지 등을 묶어서 세는 단위로 한 거리는 50개다.
④ '손'은 한 손에 잡을 만한 분량을 세는 단위로 생선은 2마리다.
⑤ '쾌'는 북어를 묶어 세는 단위로 한 쾌는 북어 스무 마리다.

11 ③

③ '따르릉'은 다음에 오는 말인 '소리'를 꾸미고 있다. 이 경우 부사가 동사나 형용사가 아닌 명사를 수식하는 용도로 쓰였다.

12 ④

밑줄 친 부분에서 화살은 진림 자신을, 시위는 주군인 원소를 비유하며 시위에 올라 날아가는 것은 격문을 써 조조를 꾸짖은 일을 말한다.

13 ⑤

⑤ 두 작품 모두 현실을 탈피하고 싶어 하지만, 쉽게 그 현실에서 벗어나지 못하고 있다.

㈎ 서정주 '추천사' – 현실 초월에의 갈망

㈏ 황지우 '새들도 세상을 뜨는 구나' – 자유로운 세상에 대한 갈망과 좌절감

14 ④

㉠㉡㉢㉤은 새로운 자연과학 이론을 받아들이는 것이고, ㉣은 새로운 이론을 받아들이기를 바라는 마음이다.

15 ②

훈민정음 제자원리

소리	본뜬 발음기관	해당 글자
아음(牙音)	혀뿌리가 목구멍을 막는 모양	ㄱ, ㅋ
설음(舌音)	혀가 윗잇몸에 닿은 모양	ㄴ, ㄷ, ㅌ
순음(脣音)	입(입술)의 모양	ㅁ, ㅂ, ㅃ, ㅍ
치음(齒音)	치아의 모양	ㅈ, ㅉ, ㅊ
후음(喉音)	목구멍의 모양	ㅇ, ㅎ

16 ①

제시문은 나도향의 수필 '그믐달'이다. ㈎ 다음에는 그믐달과 대조되는 초승달과 보름달에 대한 이야기가 이어져야 한다. ㈒의 마지막에서 그믐달을 외로운 달이라고 한 것을 보아 그 뒤로는 ㈏가 이어지는 것이 적절하며, 전체 결론으로 볼 수 있는 ㈐가 마지막으로 와야 한다.

17 ③

① 홀몸 → 홑몸

② 후송 → 호송

④ 유래 → 유례

⑤ 당기다 → 댕기다

18 ③

제시문은 고릴라의 모습을 '묘사'하고 있다.

① 비교

② 대조

④ 서사

⑤ 분류

19 ④

① 破綻(깨뜨릴 파, 터질 탄)

② 懈怠(게으를 해, 게으를 태)

③ 叱責(꾸짖을 질, 꾸짖을 책)

⑤ 看做(볼 간, 하다 주)

20 ⑤

'아ᅀᆞᄂᆞᆯ 엇디ᄒᆞ릿고'의 차자표기

한자	奪	叱	良	乙	何	如	爲	理	古
훈음	빼을 탈	꾸짖을 질	어질 량	새 을	어찌 하	다 여	하다 위	이치 리	옛 고
차자 방식	훈차	음차	음차	음차	훈차	훈차	훈차	음차	음차

21 ④

④ 발화시점에서 철수가 책을 읽는 것은 과거에 본 일이 된다. 하지만 사건시점에서 철수가 책을 읽는 것은 현재이다. 따라서 발화시를 기준으로 하는 절대시제로는 과거이고 주절의 사건시를 기준으로 하는 상대시제호는 현재이다.

22 ③

③ '가시버시'는 아내를 뜻하는 '가시'와 남편을 뜻하는 '버시'가 합쳐진 말로 부부를 낮춰부르는 우리말이다.

23 ①

① 여자(女子), 유대(紐帶)만 두음법칙 적용

② 모음조화 적용

③ ㄹ탈락 현상

④ 구개음화 적용

⑤ 비음화 현상

24 ④

④ '신나게'는 형용사 '신나다'의 활용형이다.

25 ⑤

① **주술 호응** : 걸렸기 때문입니다→걸렸습니다

② '보면'은 타동사로 목적어가 필요하다: 창세기에 보면→창세기를 보면

③ '돌리다'가 '방향을 바꾸다'라는 의미로 사용될 경우 '~으로 ~을 돌리다'로 써야 한다. 또한 어떤 '여력'이 없는지도 불분명하다.

④ '위에'를 '위에서'로 고쳐야 하고, '의결하다'의 목적어도 필요하다.

2010. 11. 7 | 국회사무처 시행

1 ④

① 생선의 신선도는 눈보다 아가미를 보고 알 수 있다.
② 환경보호를 → 환경보호에
③ 친척들로부터 우리 집에는 피해가 없느냐고 전화가 많이 걸려 왔다.
⑤ 시의 언어는 보통의 경우 비약적이고 날카롭다.

2 ①

② 꼼꼼이 → 꼼꼼히
③ 귓대기 → 귀때기
④ 겸연적다 → 겸연쩍다
⑤ 젖갈 → 젓갈

3 ④

① 편지 한 장 없이 그가 떠난 지가 오래다.
② 국장 겸 과장으로 있는 아는 이를 만났다.
③ 비가 올듯하니 그 사람이 올 듯도 하다.
⑤ 홍길동 선생은 한국대학교 의과대학에 재직 중이시다.

4 ②

① 비율 → 비중
③ 맞췄다 → 맞혔다
④ 조정 → 조종
⑤ 대치 → 대입

5 ⑤

⑤ ㉠ **염원** : 마음에 간절히 생각하고 기원함. 또는 그런 것
㉡ **양성** : 가르쳐서 유능한 사람을 길러 냄
㉢ **치하** : 남이 한 일에 대하여 고마움이나 칭찬의 뜻을 표시함

6 ⑤

⑤ **입이 달다** : 입맛이 당기어 음식이 맛있다
① **입에 발리다** : 남의 비위를 맞추기 위해 아부하다
② **입이 쓰다** : 어떤 일이나 말 따위가 못마땅하여 기분이 언짢다
③ **입 안의 소리** : 남이 알아듣지 못하게 입속에서 웅얼거리는 작은 말소리
④ **입이 되다** : 맛있는 음식만 먹으려고 하는 버릇이 있어 음식에 매우 까다롭다

7 ②

② [발꼬] → [밥꼬]

8 ②

② **송무백열**(松茂栢悅) : 소나무가 무성한 것을 보고 측백나무가 기뻐한다는 뜻으로, 벗이 잘됨을 기뻐한다는 의미
① **당랑거철**(螳螂拒轍) : 사마귀가 수레를 막는다는 말로, 자기 분수를 모르고 상대가 되지 않는 사람이나 사물과 대적한다는 의미
③ **괄목상대**(刮目相對) : 눈을 비비고 다시 본다는 뜻으로, 남의 학식이나 재주가 부쩍 진보한 것을 이르는 말
④ **반의지희**(斑衣之戱) : 때때옷을 입고하는 놀이라는 뜻으로, 늙어서도 부모에게 효도함을 이르는 말
⑤ **연목구어**(緣木求魚) : 나무에 올라 고기를 얻으려고 한다는 뜻으로, 불가능한 일을 굳이 하려 함을 비유하는 말

9 ④

④ '는개'는 안개보다는 조금 굵고 이슬비보다는 가는 비를 말한다.

10 ①

① 극락전 Geungnakjeon

11 ④

① 아니요 → 아니오
② 앉히러 → 안치러
③ 건잡다 → 겉잡다
⑤ 밀어부치자 → 밀어붙이자

12 ②

제시문은 세계보건기구(WHO)의 선언문인 '세계보건기구헌장'의 전문(前文)이다. 괄호 앞뒤의 내용으로 볼 때 '최상의 건강상태'가 들어가는 것이 가장 적절하다.

13 ③

① 3문단 첫째 줄
② 2문단
④ 3문단
⑤ 1문단

14 ③

㈎ '이런 사정'에 대한 이야기가 앞에 나와야 한다.
㈏ '그들의 역사적 역할'에 대한 언급이 선행되어야 한다.
㈐ 노부나가와 히데요시, 이에야스에 대한 이야기가 이어질 것을 추론할 수 있다.
㈑ '노부나가의 잔인성'에 대한 언급이 선행되어야 한다.
㈒ 이에야스의 무자비함에 대한 내용이다.

15 ②

'의산문답(醫山問答)'은 조선 후기 실학자 홍대용이 지은 자연과학사상서이다. 1766년(영조 42) 60일 동안 북경을 다녀온 경험과 평소 자연관을 토대로 저술하였다. 인류의 기원, 계급과 국가의 형성, 법률·제도 등에서부터 천문·역법·산수·과학·지진·온천·기상현상 등에 이르기까지 다양하고 폭넓은 논의를 담고 있다

② 태양의 바탕은 불, 달의 바탕은 얼음, 지구의 바탕은 얼음과 흙으로 보았다.

16 ⑤

① 1문단의 '한 사회에 살면서 끝내 동료인 줄도 모르고 생활하는 현대적 산업 구조의 미궁에'에서 알 수 있다.
② 3~4문단을 통해 알 수 있다.
③ 3문단의 … (중략) … 뒷부분을 통해 알 수 있다.
④ 4문단을 통해 알 수 있다.

17 ③

① 정월령 ② 3월령 ④ 9월령 ⑤ 10월령

18 ①

제시문은 김광균의 '은수저'로 자식을 잃은 아버지의 비통한 마음과 그리움을 그리고 있다.

① 작자 미상의 '설월이 만창한데'로, 임에 대한 그리움과 임을 기다리는 마음을 그리고 있다.
② 김수장의 '검으면 희다 하고'로, 당쟁의 옳지 못한 이치를 훈계하고 있다.
③ 이명한의 '반 넘어 늙었으니'로, 늙고 싶지 않은 마음을 노래하고 있다.
④ 김인후의 '자연가'로, 산수(山水)와 인간의 자연성을 예찬하고 있다.
⑤ 윤선도의 '잔들고 혼자 앉아'로, 자연과의 물아일체에 대해 노래하고 있다.

19 ③

제시문은 주요섭의 '미운 간호부'로 합리성이라는 명목 아래 비정화 되어가는 문명사회를 비판하며, 사라져가는 인정에 대한 안타까움을 그리고 있다.

20 ①

국어사전에서 낱말은 첫째 글자, 둘째 글자, 셋째 글자와 같이 글자의 순서대로 실린다. 또한 이렇게 나뉜 글자는 각각 첫소리, 가운뎃소리, 끝소리와 같이 글자의 짜임대로 실린다. 낱말이 국어사전에 실리는 순서는 다음과 같다.

㉠ 첫소리 : ㄱ ㄲ ㄴ ㄷ ㄸ ㄹ ㅁ ㅂ ㅃ ㅅ ㅆ ㅇ ㅈ ㅉ ㅊ ㅋ ㅌ ㅍ ㅎ
㉡ 가운뎃소리 : ㅏ ㅐ ㅑ ㅒ ㅓ ㅔ ㅕ ㅖ ㅗ ㅘ ㅙ ㅚ ㅛ ㅜ ㅝ ㅞ ㅟ ㅠ ㅡ ㅢ ㅣ
㉢ 끝소리 : ㄱ ㄲ ㄳ ㄴ ㄵ ㄶ ㄷ ㄹ ㄺ ㄻ ㄼ ㄽ ㄾ ㄿ ㅀ ㅁ ㅂ ㅄ ㅅ ㅆ ㅇ ㅈ ㅊ ㅋ ㅌ ㅍ ㅎ

① 첫째 글자 '고'와 '곡'을 먼저 비교하여 순서를 결정해야 한다. 그러므로 '고무'가 '곡'보다 먼저 나온다.

국어

2011. 3. 12 | 법원행정처 시행

1 ①

② 해방 직후의 사회상과 연결하여 감상하고 있으므로, 반영론에 해당한다.

③ 독자에게 미치는 영향에 대한 서술로, 효용론에 해당한다.

④ 작가의 의식에 초점을 둔 감상으로, 표현론에 해당한다.

※ 작품의 감상 방법

㉠ **내재적 감상** : 작품 자체만 가지고 감상하는 관점으로 절대주의, 구조론이라고도 한다. 구성상의 특징이나 인물, 사건의 내용, 서술이나 표현 기법 등에 대한 초점을 둔 감상이라고 할 수 있다.

㉡ **외재적 감상** : 작품 외부적 요소를 결합하여 감상하는 관점으로 그 요소에 따라 반영론(사회), 효용론(독자), 표현론(작가)으로 나뉜다.

2 ②

② 자식에 대한 보람과 소망이 좌절되고 민족의 역사가 비극적으로 전개될 것에 대한 상실감을 표현한 것이다.

3 ④

④ 서술자의 교체 없이 3인칭 서술자의 서술이 이어진다.

4 ③

㈎ 청년들이 이공계 진학을 기피하는 이유

㈏ 우수 이공계 인재 확보의 중요성

㈐ 우수 인재의 이공계 진학 기피 현실

㈑ 국가적 차원의 대책 필요

㈒ 이공계 진학 기피의 문제점

5 ④

① ㈑의 내용을 통해서 추리할 수 있다.

② ㈎와 마지막 문단의 내용을 통해 추리할 수 있다.

③ ㈎의 내용을 통해서 추리할 수 있다.

6 ①

제시문은 김구 선생의 정치적 이념을 밝힌 논문 '나의 소원'의 일부이다. 이 논문은 독립의 의의, 우리 민족의 긍지와 임무, 청년들에 대한 당부 등의 내용을 담고 있다.

① 넷째 문단에 따르면 필자는 '오직 사랑의 문화, 평화의 문화로 우리 스스로 잘 살고 인류 전체가 의좋게 즐겁게 살도록 하는 일을 하자는 것'이라고 말하고 있다.

7 ③

③ ㉡ '우리의 형편이 초라한 것을 보고 위대한 일을 할 것을 의심한다'는 내용과 어울리는 한자 성어는 스스로 자기를 굽히는 마음을 뜻하는 '자굴지심(自屈之心)'이 적합하다.

㉢ '청년 남녀가 모두 과거의 조그맣고 좁다란 생각을 버리고, 우리 민족의 큰 사명에 눈을 떠서 제 마음을 닦고 제 힘을 기르기'라는 내용과 어울리는 한자성어는 놀랄 만큼 재주가 부쩍 늘었다는 말인 '괄목상대(刮目相對)'가 적합하다.

① **자격지심**(自激之心) : 자기가 한 일에 대하여 스스로 미흡하게 여기는 마음

사상누각(沙上樓閣) : 기초가 튼튼하지 못해 오래 견디지 못하는 일이나 물건

② **자포자기**(自暴自棄) : 절망에 빠져 자신을 스스로 포기하고 돌아보지 않음

청출어람(靑出於藍) : 제자나 후배가 스승이나 선배보다 뛰어남

④ **방약무인**(傍若無人) : 아무 거리낌 없이 함부로 말하고 행동함

자화자찬(自畵自讚) : 자기가 한 일을 스스로 자랑함

8 ④

① 사건의 배경은 사실적이다.
② 인물 간의 대화 및 행동, 공간적 배경 등을 통해 주제를 드러낸다.
③ 작품 속 1인칭 화자에 의해 인물의 심리와 태도가 그려진다.

※ 김승옥의 서울, 1964년 겨울
㉠ **갈래** : 단편소설, 본격소설
㉡ **성격** : 사실적, 현실 고발적
㉢ **배경** : 1964년 어느 겨울밤, 서울
㉣ **시점** : 1인칭 주인공 시점
㉤ **제재** : 연대성이 없는 세 사내의 우연한 만남으로 하룻밤을 같이 보낸 이야기
㉥ **주제** : 뚜렷한 가치관을 상실한 사람들의 심리적 방황과 연대감의 상실로 인한 절망

9 ④

④ ㉣에서 '나'는 소외된 채 쓸쓸히 죽은 사내를 방치한 채 도망치는 존재로, 양심에서 우러나오는 도의적 책임을 회피하고 있다. 따라서 현대인의 비양심적 태도와 책임 회피 의식을 상징한다.

10 ②

② 입학사정관제에 대한 취지에는 공감하면서도(조건1) 부작용을 지적하며(조건2) 반대 의사를 밝힌(조건3) 세 가지 조건에 모두 부합하는 진술이다.

11 ③

③ 제시문의 내용은 인재 등용의 문제점을 지적하면서 차별 없는 인재 등용을 주장하는 것으로, 왕권 제도의 문제점을 지적하는 것은 아니다.

12 ①

㉠은 언행이 서로 맞지 않는 모습으로 '자가당착(自家撞着)', '이율배반(二律背反)', '모순(矛盾)' 등이 적합하다.
② **적반하장**(賊反荷杖) : 잘못한 사람이 되레 화를 냄
③ **전차복철**(前車覆轍) : 앞의 수레가 엎어지는 것을 보고 뒤의 수레는 미리 경계한다는 뜻으로, 남의 실패를 거울삼아 경계한다는 의미
④ **성동격서**(聲東擊西) : 적을 유인하여 한 쪽을 공격하는 척하다가 반대쪽을 치는 전술

13 ④

㈎ 동일한 어구 반복, 3음보, 후렴구 등으로 운율을 형성한다.
㈏ '~없는 ~이요'의 문장 구조 반복, 4음보 등으로 운율을 형성한다.
㈐ '강호에 ~드니 ~역군은이샷다'의 문장 구조 반복, 4음보 등으로 운율을 형성한다.
㈑ '엇더ᄒᆞ료', '고인' 등의 어휘 반복, 연쇄법, 4음보 등으로 운율을 형성한다.

14 ④

④ ㉣은 임금에게 충성을 다하겠다는 의지가 아니라 학문 수양에 정진하겠다는 의지를 표현한 것이다.

15 ④

① 첫째 문단에서 모든 생명체는 태어날 때부터 이미 생명에 대한 의지적 가치를 가지고 있다고 하였다.
② 둘째 문단에서 나에게 가까운 생명을 더 소중하게 여기는 것은 온당한 판단이 아니라고 하였다.
③ 셋째 문단에서 모든 사람의 생면은 다 같은 정도로 소중하다는 대원칙이 보편적으로 인정되기까지 오랜 역사적 과정이 소요되었다고 하였다.

16 ①

㈎ 앞의 문장을 토대로 보면 이전의 내용과는 반대되는 내용이 전개되어야 한다. 앞 문단이 '인간의 생명 가치에 대한 고찰이 여타의 생물이 지닌 생명에까지 확장되어야 하는지는 지금까지 윤리학자들의 이론적 과제로만 치부되어 온 측면이 없지 않다.'는 내용이므로, 따라서 ㈎에는 이론적 과제가 아닌 현실적 문제로 대두하고 있는 이유에 대한 내용이 언급되어야 한다.

17 ②

㉡은 생각으로 사물의 옳고 그름을 가려낸다는 뜻의 '思辨(생각 사, 분별할 변)'이 적합하다. '事變(일 사, 변할 변)'은 천재지변이나 전쟁과 같은 큰 사건을 뜻하는 말이다.

18 ①

② 이순신씨 → 이순신 씨
③ 기르는데는 → 기르는 데는
④ 떠나가버렸지 → 떠나가 버렸지

19 ④

① 길을 다니거나 길에서 놀 때에는 차를 조심해야 합니다.
② 수철이의 어릴 때 소박한 꿈은 선생님이 되는 것이었다.
③ 주민들은 보상을 거부하고 토지 재평가를 요구하고 있습니다.

20 ③

① 회의를 갖다 → 회의를 하다
② ~으로부터 들었다 → ~에게 들었다
④ 나쁜 관계로 → 나빠서

21 ③

① '할아버지, 어머니가 진지 잡수시래요.'로 쓰는 것이 적절하다.
② '선친'은 돌아가신 자기 아버지를 남에게 이르는 말이다. 이 경우 '부친'이라는 표현이 적합하다.
④ '수고하셨습니다'는 동년배나 아랫사람에게 쓰는 말로 '애쓰셨습니다' 등으로 고쳐 쓰는 것이 적절하다.

22 ②

① '표출'은 겉으로 나타낸다는 의미로 '밖으로'와 중복된다.
③ '장관들은 비정규직 문제에 관심을 갖자는 데 뜻을 모았다.'로 고쳐 쓰는 것이 적절하다.
④ '결정되어져야'는 이중 피동 형태다.

23 ①

임에 대한 예찬과 연모의 정, 화자의 외로운 처지를 노래한 작품으로 영원한 기다림의 의지를 다지는 내용은 나타나지 않았다.

※ 동동(動動)(작자미상)

㉠ 연대 : 미상
㉡ 갈래 : 고려가요
㉢ 형식 : 전편 13장(서사 1연, 본사 12연)
㉣ 주제 : 임에 대한 칭송과 애달픈 사랑
㉤ 특징
- 우리나라 최초의 월령체(月令體) 시가
- 조선시대의 악학궤범(樂學軌範)에 한글 가사가 실려 있다.
- 고려 · 조선시대에 가창 · 연주되었고, 연중나례(年中儺禮) 뒤에 아박무(牙拍舞)의 무용이 있었다.

24 ②

② 물외(物外)는 세상의 바깥을 의미한다. 따라서 ㉠과는 거리가 멀다.
① 명리(名利)는 세속적 명예와 부귀영화를 추구하는 출세욕을 말한다.
③ 경륜(經綸)은 천하를 다스린다는 의미이다.
④ 구세(救世)는 세상을 구한다는 의미이다.

※ 이중경의 어부별곡

㉠ 갈래 : 연시조
㉡ 형식 : 전 3장, 후 3장
㉢ 주제 : 자연을 즐기는 삶의 흥취
㉣ 감상 : 모친이 세상을 떠나는 슬픔을 겪은 후 오대(梧臺)에서의 삶을 읊은 것으로, 과거 학문과 속세의 명리를 추구하던 삶을 반성하고 현재 자연 속에서 유유자적한 삶을 누리고 있는 즐거움과 만족감을 노래한 '어부가'의 내용을 지녔으며, 나라의 태평성대를 염원하는 유교적 충의사상을 나타내고 있다.

25 ③

① 정중한 명령이나 권유를 나타내는 하십시오체의 종결 어미인 '-십시오'의 일부
② 어떤 대상이 다른 것과 대조됨을 나타내는 보조사
④ '이다', '아니다'의 어간 뒤에 붙어 사물이나 사실 따위를 열거할 때 쓰는 연결 어미

2011. 4. 9 | 행정안전부 시행

1 ④

① 담쟁이덩쿨 → 담쟁이덩굴, 담쟁이넝쿨
② 벌러지 → 벌레, 버러지
③ 푸줏관 → 푸줏간

※ 기타 주의해야할 표준어 규정

바른 표기	잘못된 표기	바른 표기	잘못된 표기
강낭콩	강남콩	웃어른	윗어른
깡충깡충	깡총깡총	위층	웃층
끄나풀	끄나플	윗도리	웃도리
녘	녁	풋내기	풋나기
돌	돐	셋째	세째

2 ②

① 쓰레기를∨길에∨버리면∨안∨된다.
③ 부모∨자식∨간에는∨정이∨있어야∨한다.
④ 그가∨집을∨떠난∨지∨일∨년이∨지났다.

3 ①

바늘뼈에 두부살 … 바늘처럼 가느다란 뼈에 두부같이 힘없는 살이란 의미로, 몸이 매우 연약한 사람을 비유하는 말

4 ②

② 닉닷 → 익었다는

5 ①

① **득롱망촉**(得隴望蜀) : 얻을 득, 땅이름 롱, 바랄 망, 나라이름 촉. 후한(後漢)의 광무제가 농(隴) 지방을 평정한 후에 다시 촉(蜀) 지방까지 원하였다는 데에서 유래된 말로, 만족할 줄을 모르고 계속해서 욕심을 부리는 경우를 비유적으로 이른다. 유사어로는 평롱망촉(平隴望蜀)이 있다.

6 ④

④ **사변**(思辨) : 생각으로 사물의 옳고 그름을 가려냄. 철학 분야에서는 경험에 의하지 않고 순수한 이성만으로 현실 또는 사물을 인식하려는 일 또는 직관적 인식이나 지적 직관을 가리킨다.

7 ②

식별(識別)은 분별하여 알아보다는 뜻이고 용이(容易)는 '용이하다.'의 어근으로 어렵지 않고 쉽다는 의미이다. 따라서 식별이 용이하다는 '분별하여 알아보기 쉽다.'는 말이다.

8 ③

제시문의 제목인 '유재론(遺才論)'의 '유재'는 인재를 버린다는 뜻으로, 허균은 우리나라처럼 좁은 땅에서는 인재 자체가 적게 나는데 그것조차 신분 제도에 따라 제한하면서 인재가 없다고 하는 점을 비판하고 있다.

9 ①

제시문은 민담에서 등장인물의 성격이 어떤 방식으로 나타나는 지에 대해 언급하고 있다. ㉠은 민담에서 과거 사건이 드러나는 방법에 대한 내용으로 다른 문장과의 연관성이 떨어진다.

10 ①

영토 내지는 귀속 의식을 벗어나서 객관적으로 표현한다면 북몽골, 남몽골로 구분하는 것이 더 낫다는 필자의 의견을 제시했을 뿐, 정부가 외몽고를 북몽골로 불러야 한다는 내용은 나오지 않는다.

11 ③

제시문은 우리말을 가꾸는 데 가장 중요한 것을 관심과 의식이라고 보고 있다. 이것은 관심과 의식이 있다면 우리말이 바르게 사용될 것이라는 것을 전제로 하는 것으로, ③의 내용과 일맥상통한다.

12 ④

㉠의 '으로'는 변화의 방향을 나타내는 격조사로 쓰인 것으로 ④의 '으로'와 가장 가깝다.

13 ④

역설법 … 역설이란 논리적으로 모순을 일으키지만 그 안에 진리가 함축되어 있는 표현이다. 문학작품 등에서 주제를 강조하기 위해 사용하는 표현 기법으로, '이것은 소리 없는 아우성'(유치환 – 깃발), '님은 갔지마는 나는 님을 보내지 아니하였습니다.'(한용운 – 님의 침묵) 등이 이에 해당한다.

14 ③

팔불출(八不出) … 몹시 어리석은 사람을 이르는 말

15 ④

목적어는 동사가 나타내는 행위의 대상이 되는 존재를 가리키는 언어요소이다.

16 ④

④ 온점은 마침표의 하나로 문장 부호 '.'의 이름이다. 문장의 끝에 쓰거나, 아라비아 숫자만으로 연월일을 표시할 때나 준말을 나타낼 때에, 표시 문자 다음에 쓴다.

17 ②

가획(加劃)의 원리란 훈민정음 자음의 창제 원리로, 발음기관을 본 딴 기본자에 획을 더하여 새로운 글자를 만드는 방식이다.

18 ①

'의'는 이중모음으로 발음 역시 이중모음으로 하는 것이 원칙이다. 그러나 표준 발음법 제5항에서 단어의 첫 음절 이외의 '의'는 [이]로, 조사 '의'는 [에]로 발음함도 허용하고 있다.

19 ②

㉡ 시끄럽게 떠드는 것을 금지하고, 장소를 객사로 옮기라는 뜻이다.

20 ③

③ 선친(先親), 선고(先考)는 남에게 돌아가신 자기 아버지를 가리키는 말이다.

2011. 5. 14 | 상반기 지방직 시행

1 ④

④ **이상**(理想) : 생각할 수 있는 범위 안에서 가장 완전하다고 여겨지는 상태. 철학에서는 절대적인 지성이나 감정의 최고 형태로 실현 가능한 상대적 이상과 도달 불가능한 절대적 이상으로 구별하고 있다.

2 ①④

문장 중간에 삽입된 구절 앞뒤에는 '반점(,)'을 쓴다.

② 너는 언제 왔니? 어디서 왔니? 무엇하러?

③ 문장 부호 : 마침표, 쉼표, 따옴표, 묶음표 등.

※ 문제 출제 당시 직접 인용한 문장의 끝에 마침표를 쓰는 것이 원칙이었으나 2015년 맞춤법 부호 개정에 의해 쓰지 않는 것도 허용하여 ①번도 정답이 될 수 있다.

3 ③

국어사전에서 낱말은 첫째 글자, 둘째 글자, 셋째 글자와 같이 글자의 순서대로 실린다. 또한 이렇게 나뉜 글자는 각각 첫소리, 가운뎃소리, 끝소리와 같이 글자의 짜임대로 실린다. 낱말이 국어사전에 실리는 순서는 다음과 같다.

㉠ **첫소리** : ㄱ ㄲ ㄴ ㄷ ㄸ ㄹ ㅁ ㅂ ㅃ ㅅ ㅆ ㅇ ㅈ ㅉ ㅊ ㅋ ㅌ ㅍ ㅎ

㉡ **가운뎃소리** : ㅏ ㅐ ㅑ ㅒ ㅓ ㅔ ㅕ ㅖ ㅗ ㅘ ㅙ ㅚ ㅛ ㅜ ㅝ ㅞ ㅟ ㅠ ㅡ ㅢ ㅣ

㉢ **끝소리** : ㄱ ㄲ ㄳ ㄴ ㄵ ㄶ ㄷ ㄹ ㄺ ㄻ ㄼ ㄽ ㄾ ㄿ ㅀ ㅁ ㅂ ㅄ ㅅ ㅆ ㅇ ㅈ ㅊ ㅋ ㅌ ㅍ ㅎ

4 ②

㉠과 ㉡은 유의관계이다.

② 미소는 웃음의 한 종류로, 둘은 상하관계를 이룬다.

5 ④

④ 상견례는 장음이 아닌 단음으로 [상견녜]로 발음된다.

6 ①

제시문의 '다시'는 '또' 또는 '이전 상태로'라는 의미로 쓰였다.

② 방법이나 방향을 고쳐서 새로이

③ 하던 것을 되풀이해서

④ 하다가 그친 것을 계속해서

7 ③

이심전심(以心傳心) … 말이나 글을 사용하지 않고 마음에서 마음으로 전한다는 의미이다.

③ **격화파양**(隔靴爬癢) : 신발을 신고 발바닥을 긁는 것처럼, 결과를 내긴 했지만 성에 차지 않음을 이른다.

① **교외별전**(敎外別傳) : 불교용어로 말이나 문자를 쓰지 않고, 따로 마음에서 마음으로 진리를 전하는 일을 말한다.

② **심심상인**(心心相印) : 마음에서 마음으로 전한다는 뜻으로, 묵묵한 가운데 서로 마음이 통함을 이른다.

④ **염화시중**(拈華示衆) : 꽃을 따서 무리에게 보인다는 뜻으로, 말이나 글에 의하지 않고 뜻을 전하는 것을 말한다.

8 ②

① ㉠ 5천년 역사의 권위를 의지하여 이를 선언함이며

③ ㉢ 영원히 한결같은 자유발전을 위하여 이를 주장함이며

④ ㉣ 인류가 가진 양심의 발로에 뿌리박은 세계 개조의 큰 기회와 시운에 맞춰 함께 나아가기 위하여 이 문제를 일으킴이니

9 ①

② 무엇이∨틀렸는지∨답을∨맞추어보자.

③ 우리는∨생사고락을∨함께한∨친구이다.

④ 이번∨시험에서∨우리∨중∨안되어도∨세∨명은∨합격할∨것∨같다.

10 ②

① 부시럼 → 부스럼

③ 뗄레야 → 떼려야

④ 퀘퀘묵은 → 케케묵은

※ 기타 주의해야할 표준어 규정

바른 표기	잘못된 표기	바른 표기	잘못된 표기
가랑이	가다리	삼촌	삼춘
고들빼기	꼬들빼기	상추	상치
괴팍하다	괴퍅하다	으레	으레이
구절	귀절	오도독뼈	오돌뼈
살쾡이	삵괭이	쌍둥이	쌍동이

11 ①

통사적 합성어는 우리말의 정상적인 배열순서와 일치하는 합성어를 말한다. '관형어+명사', '용언의 관형형 + 명사', '주어 + 서술어', '용언 어간 + 연결어미 + 용언' 등의 형태로 실현된다.

②③④는 우리말 배열법에 어긋나는 비통사적 합성어이다.

12 ②

② '누가 그래?'라는 문장에 '그런 일을 한다.'라는 문장이 안긴 겹문장이다.

13 ③

③ '있다, 없다'를 위해 새로운 품사인 존재사를 설정하는 견해를 먼저 소개하고, 그것이 바람직하지 않다고 지적한 후 '있다'는 동사로, '없다'는 형용사로 인정하는 자신의 견해를 제시한다.

14 ④

제시문에서는 동사에는 관형사형 어미 '-는'이 붙을 수 있고, 형용사에는 '-는'이 붙지 못하는 특성이 있다고 하였다.

15 ①

② 15세기에는 주격조사 '-가'가 쓰이지 않았다.

③ '어리다'라는 단어의 뜻은 '현명하지 못하다'에서 '나이가 적다'로 바뀌었다.

④ 방점은 소리의 높낮이를 표시했던 것으로 현대 국어로 오면서 소멸되었다.

16 ③

㈎ 우리말 다듬기의 개념 제시

㈏ 부연설명

㈐ 내용첨가

㈑ 종합정리

17 ④

넷째 문단의 '분명 항해술에도 논리적이고 분석적인 면이 있지만 그렇다고 낯선 상황을 해결할 총체적인 백방의 지식이 이에 들어 있는 것은 아니다.'라는 문장을 통해 유추할 수 있다.

④ **통합**(統合) : 여러 요소들이 조직적으로 결합하여 하나의 전체를 이룸

18 ②

① = 배척

② 안에서 밖으로 밀어 새어 나가게 함

③ 받아들이지 아니하고 물리쳐 제외함

④ 따돌리거나 거부하여 밀어냄

19 ③

리처드 닉슨이 한 "저는 사기꾼이 아닙니다."라는 말 때문에 모두가 그를 사기꾼으로 생각하게 되었다. 따라서 생각을 말로 표현해야 한다는 것이 가장 필요하지 않은 언어 전략이라고 할 수 있다.

③ 마음속으로만 생각하고 있으면 아무도 몰라준다는 의미로 생각은 말로 표현해야 한다는 의미이다.

① 말 한마디에 천 냥 빚도 갚는다.

② 같은 내용도 다르게 표현하여 이야기 할 수 있다는 의미이다.

④ 말이란 표현하는 데 따라 다르게 들린다.

20 ①

① 정서적 등가물이란 화자와 정서적으로 동일한 느낌을 가지고 있는 대상을 의미한다. 그런데 작품 속에서 '새'는 한 철 깃들다 떠나는 존재이기 때문에 헤매기만 하고 있는 화자와 정서적 등가물이라고 볼 수 없다.

2011. 6. 11 | 서울특별시 시행

1 ②

'붙다'는 '어떤 감정이나 감각이 생겨나다.'는 의미이다.

① '한겨울'은 한 단어이므로 붙여 쓴다.
③ 헬쓱한 → 핼쑥한
④ 걷잡아도 → 겉잡아도
⑤ 아픈데 → 아픈 데

2 ①

② 주술 호응이 맞지 않는다. '중요한 것은~변해 있었다는 것이다.' 정도로 고치는 것이 바람직하다.
③ 대등적 연결어미인 '-고'를 사용하여 연결하기에는 평행 구조가 성립하지 않는다.
④ '도착하다'는 '목적한 곳에 다다르다.'는 뜻으로 완료상의 의미를 갖고 있는데 함께 쓰인 '~고 있다'는 진행상의 의미를 가진 용언이므로 서로 어울리지 않는다.
⑤ '여자가 아름다움에 대해 관심을 갖는 것'인지, '여자의 아름다움에 대해서 관심을 갖는 것'인지 의미가 명확하지 않은 중의적 표현이다.

3 ⑤

① 워크샵 → 워크숍
② Cheonglyangli → Cheongnyangni
③ 슈퍼마켇 → 슈퍼마켓, Youngdungpho → Yeongdeungpo
④ 심포지움 → 심포지엄

4 ①

② 여기서 '뿐'은 '그것만이고 더는 없음' 또는 '오직 그렇게 하거나 그러하다는 것'을 나타내는 보조사이므로 붙여 쓴다. 그 뿐만 → 그뿐만
③ 걸어 갈 수 밖에 → 걸어갈 수밖에
④ '커녕'은 조사이므로 붙여 쓴다. 사과는커녕 → 사과는커녕
⑤ '큰소리치다'는 한 단어이므로 붙여 쓴다.

5 ③

③ 한자 합성어의 경우 사이시옷을 표기하지 않으나, '찻간, 툇간, 곳간, 셋방, 숫자, 횟수'는 예외적으로 사이시옷을 표기한다.

6 ②③

① '몸가짐이나 언행을 조심하다.'는 '삼가다'로 표기한다.
③ 2011년 8월에 바뀐 표준어규정에 의해 '어리숙하다(○)', '어수룩하다(○)' 둘 다 맞는 표준어이다.
④ 곱빼기 → 곱빼기
⑤ 널따랗다 → 널따랗다

7 ⑤

그동안 경쟁 관계에 있던 기업들이 한 분야에서 서로 만난다는 내용이므로, 서로 적의를 품은 사람들이 한자리에 있게 된 경우나 서로 협력하여야 하는 상황을 비유적으로 이르는 의미인 '吳越同舟(오월동주)'가 가장 적합하다.

① 類類相從(유유상종) : 같은 무리끼리 서로 사귐
② 同病相憐(동병상련) : 어려운 처지에 있는 사람끼리 서로 가엾게 여김
③ 臥薪嘗膽(와신상담) : 원수를 갚거나 마음먹은 일을 이루기 위하여 어려움과 괴로움을 참고 견딤
④ 我田引水(아전인수) : 자기에게만 이롭게 되도록 생각하거나 행동함

8 ④

가족의 생계를 책임지며 노동에 시달리셨던 아버지의 거친 양 손을 '우툴두툴한 두꺼비'에 비유하고 있다. '두꺼비를 보여주는 것을 꺼리셨다.', '자전거 손잡이에 올려놓다.', '아버지 양손에 두꺼비가 살았다.' 등을 유추할 수 있다.

9 ⑤

'봄이 지났으나 잔디만 깨어났다.'라는 시구에서 긴 겨울잠에 들어간 두꺼비와 아버지는 깨어나지 못했다는 것을 알 수 있다. 즉, 아버지의 죽음을 의미하는 것이다.

10 ③

제시문은 '정혜사 능인선원'에서 본 경치와 약수에 대한 이야기로 시작하여, 핵심 소재인 '불유각'이라는 현판이 지닌 멋에 대해 집중적으로 서술하고 있다. 따라서 ③이 제목으로 가장 적절하다.

11 ③

제시문은 언어의 변화나 새 어형의 전파에 있어 라디오나 텔레비전 같은 매체와의 접촉보다는 사람들 사이의 직접적인 접촉이 결정적인 영향력을 행사한다고 주장한다. 이는 접촉의 형식도 언어 변화에 영향을 미치는 중요한 요소라는 것을 지적하는 것이다. 따라서 괄호 안에 들어갈 문장으로 가장 적절한 것은 ③이다.

12 ②

① **절대절명 → 절체절명** : 궁지에 몰려 살아날 길이 없게 된 막다른 처지

③ **홀홀단신 → 혈혈단신** : 의지할 곳이 없는 외로운 홀몸

④ **풍지박산 → 풍비박산** : 바람이 불어 우박이 이리 저리 흩어진다는 뜻으로, 엉망으로 깨어져 흩어져 버림

⑤ **야밤도주 → 야반도주** : 한밤중에 몰래 도망함

13 ②

이상의 '날개'이다

① 오발탄은 6.25전쟁 뒤 분단의 상처를 그린 이범선의 단편소설이다.

③ 1930년대에 발표되기는 했지만, 풍자적 성격의 소설로 보기는 어렵다. 의식의 흐름 기법을 통해 주인공의 심리를 보여주는 심리 소설이자 모더니즘 소설이다.

④ 개인의 일상을 통해, 1930년대 지식인의 고뇌를 보여주고자 하였다.

⑤ 봄봄, 동백꽃 등을 쓴 김유정에 대한 설명에 가깝다.

14 ③

작가와 작품

※ **천상병의 귀천**

㉠ **갈래** : 전원시, 낭만시

㉡ **성격** : 전원적, 낭만적, 자연 친화적, 낙관적, 관조적

㉢ **주제** : 평화로운 전원의 이상적인 삶에 대한 소망

㉣ **특징**

- 각운('-소, -요, -오'의 반복)이 사용됨
- 간결한 표현으로 여운을 주어 감동의 효과를 증가시킴
- 대화조의 어조를 사용함

15 ③

정읍사는 행상 나간 남편의 무사귀환을 바라는 아내의 마음을 담은 서정시가다. 따라서 ③은 옳지 않다.

[정읍사 본문]

ᄃᆞᆯ하 노피곰 도ᄃᆞ샤.
어긔야 머리곰 비취오시라.
어긔야 어강됴리.
아으 다롱디리.
져재 녀러신고요.
어긔야 즌 ᄃᆡᄅᆞᆯ 드ᄃᆡ욜셰라.
어긔야 어강됴리.
어느이다 노코시라.
어긔야 내 가논 ᄃᆡ 졈그ᄅᆞᆯ셰라.
어긔야 어강됴리.
아으 다롱디리.

[현대어 풀이]

달님이시여, 높이높이 돋으시어
멀리멀리 비춰 주소서.
(후렴구)
시장에 가 계시는지요?
위험한 곳을 디딜까 두렵습니다.
어느 곳에서나 놓으십시오.
당신 가시는 곳 저물까 두렵습니다.
(후렴구)

※ **정읍사(작자미상)**

㉠ **갈래** : 고대가요

㉡ **주제** : 행상 나간 남편의 안전을 기원함

㉢ **성격** : 서정적

㉣ **특징**

- 현재가사가 전해지는 유일한 백제가요
- 국문으로 표기된 가장 오래된 노래

16 ①

제시문은 춘향전의 일부로, 춘향이의 행동 묘사를 통해 성격을 추측해 볼 수 있는 부분이다.

※ **춘향전(작자미상)**

㉠ **연대** : 조선 후기

㉡ **갈래** : 고전 소설, 판소리계소설, 염정 소설

㉢ **성격** : 서사적, 운문적(3.4조, 4.4조 바탕), 해학적, 풍자적

㉣ **시점** : 전지적 작가 시점

㉤ **주제** : 신분을 초월한 사랑과 정절(貞節), 계급을 초월한 사랑과 여인의 정절

17 ②

① **障害**(장해) : 자 하는 일을 막아서 방해함→**障碍**(장애) : 신체 기관이 본래의 기능을 하지 못하거나 정신 능력에 결함이 있는 상태

② **謝絶**(사절) : 사양하여 받지 아니함

③ **稟議**(품의) : 웃어른이나 상사에게 말이나 글로 여쭈어 의논함→**品位**(품위) : 사람이 갖추어야 할 기품이나 위엄

④ **移行**(이행) : 다른 상태로 옮아감→**履行**(이행) : 채무자가 채무의 내용을 실행하는 일

⑤ **上堂**(상당)→**相當**(상당) 하고: 일정한 액수나 수치 따위에 해당함

18 ②

② '괴시니'의 기본형은 '괴다'로 사랑한다는 의미이다.

[현대어 풀이]

이 몸이 태어날 때에 임을 좇아서 태어나니, 이것은 한 평생을 함께 살 인연이며, 어찌 하늘이 모를 일이던가? 나 오직 임만을 위하여 젊어 있고, 임은 오로지 나를 사랑하시니, 이 마음과 이 사랑을 견줄 곳이 다시없다. 평생에 원하되 임과 함께 살아가려 하였더니, 늙어서야 무슨 일로 외따로 멀리 두고 보고 싶어 하는가. 엊그제는 임을 모시고 달나라의 궁궐에 있었더니, 그동안에 어찌하여 속세에 내려왔는가. 내려올 때에 빗은 머리가 헝클어진 지 삼 년일세.

※ 정철의 사미인곡

㉠ **갈래** : 서정 가사, 정격 가사, 양반 가사

㉡ **성격** : 서정적, 연모적, 주정적

㉢ **운율** : 3(4)·4조, 4음보의 연속체

㉣ **주제** : 연군의 정

㉤ **특징**

- 우리말 구사의 극치를 보여 줌
- 후편 경인 '속미인곡'과 더불어 가사 문학의 백미를 이룸

19 ③

제시문은 이제현의 '안축과 이곡을 천거하여 자신을 대신하게 하는 전(箋)'이다. '어진 자를 천거하고 능한 자에게 양보하는 것' 부분과 '백발은 성성하고 눈까지 어두움에리까!' 등의 내용을 통해 관직에서 물러나고자 함을 아뢰는 것임을 알 수 있다.

20 ④

제시문은 고구려의 시조인 주몽에 대한 설화이다. 설화는 신화, 전설, 민담의 세 갈래로 나뉘는데 주몽 설화는 신화에 속한다. 따라서 신화에 대한 설명이 아닌 ④가 답이다.

④ 진실성과 증거물은 설화문학의 하위 갈래의 하나인 전설에 해당하는 특징이다.

2012. 4. 7 | 행정안전부 시행

1 ②

① 다문화 가정에 대한 <u>인식이 변화하고 관심이 높아지고 있다.</u>
③ 시민 각자가 <u>환경 정보에 대해 접근할 수 있고 환경 보호에 참여할 수 있는 기회를 갖도록 해야 한다.</u>
④ 학교에서는 <u>학생들의 건강을 증진하고 쾌적한 교실 환경을 조성하기 위하여</u> 공기 청정기를 설치하기로 하였다.

2 ④

④ '경찰의 손이 미치다'에서의 '손'은 '어떤 사람의 영향력이나 권한이 미치는 범위'의 의미로 사용되었다.
① '사람의 수완이나 꾀'라는 의미로 사용되었다.
② '손님', '찾아온 사람'의 의미로 사용되었다.
③ '일손'의 의미로 사용되었다.

3 ①

글의 전개는 일반적인 내용에서 구체적인 내용으로 세분화하여 전개되어야 한다.
㉡ 인간이 소중히 여기는 이념과 가치 – ㉢ 숭고한 이념이나 가치의 종류 – ㉣ 이론적 측면과 실천적 측면 – ㉠ 실천적 측면의 내적 측면과 외적 측면

4 ③

제시문은 먼저 프레임에 대해 설명하고, '구제'의 예를 들어 글을 서술하고 있다.

5 ②

제시문에 따르면 집 혹은 건축은 단순히 기술적, 구조적인 측면에서 세우는 일만을 의미하는 것이 아니라, 일련의 사고 과정을 통하여 뭔가 만들어내 가는 것이라고 정의하고 있다. 이렇게 볼 때 건물이 단순히 기술적이고 구조적인 '물리적' 측면에 한정된다면, 건축은 그것을 포함하는 '형이상학적'인 포괄적 의미의 개념이라고 볼 수 있다.

6 ④

① '장소'의 의미를 갖는 부사격조사
② '비교'의 의미를 갖는 부사격조사
③ '자격'의 의미를 갖는 부사격조사
※ 조사의 종류
㉠ **격조사** : 체언이나 용언의 명사형 아래에서, 그 명사형이 문장 안에서 다른 말에 대하여 가지는 자리를 나타내는 조사
㉡ **보조사** : 체언이 어떤 문장성분으로 쓰이는 데에 그 체언에 어떤 뜻을 첨가하여 주는 조사
㉢ **접속조사** : 두 단어를 같은 자격으로 이어 주는 구실을 하는 조사

7 ①

의존 형태소이면서 실질 형태소에 해당하는 것은 '어간'이다.
② 의존 형태소이면서 형식 형태소인 '어미'이다.
③ 자립 형태소이면서 실질 형태소인 '명사'이다.
④ 의존 형태소이면서 형식 형태소인 '조사'이다.

8 ④

④ '말씀'은 높임과 낮춤의 의미를 모두 가지고 있는 단어로, 할아버지께 손자 자신을 낮추는 표현이라고 볼 수 있다.
① 철수야, 선생님이 너 교무실로 <u>오라고 하셔</u>.
② 선생님, 저는 김해 <u>김가입니다</u>.
③ 전부 합쳐서 <u>6만 9천 원입니다</u>.

9 ③

③ 본말 이 '조이어'의 형태이기 때문에, 준말은 '조여' 또는 '죄어'가 맞다.

10 ③

※ 사전 등재 순서
자음 : ㄱ ㄲ ㄴ ㄷ ㄸ ㄹ ㅁ ㅂ ㅃ ㅅ ㅆ ㅇ ㅈ ㅉ ㅊ ㅋ ㅌ ㅍ ㅎ
모음 : ㅏ ㅐ ㅑ ㅒ ㅓ ㅔ ㅕ ㅖ ㅗ ㅘ ㅙ ㅚ ㅛ ㅜ ㅝ ㅞ ㅟ ㅠ ㅡ ㅢ ㅣ

11 ①

제시문의 화자는 언어순결주의에 반대하는 입장이다. 따라서 언어순결주의자들의 생각과 반대되는 것을 긍정적으로 평가하는 것을 찾으면 된다.

12 ④

밑줄 친 '보다'는 '앞날을 헤아려 내다본다.'의 의미로 '전망하다'와 가장 가깝다고 볼 수 있다.

13 ②

② 감각이 전이되는 공감각적 비유는 사용되지 않고 있다.

※ 한용운의 나룻배와 행인

㉠ 갈래 : 자유시, 서정시

㉡ 성격 : 서정적, 종교적, 상징적

㉢ 주제 : 참된 사랑의 본질인 희망과 믿음(인내와 희생을 통한 사랑의 실천)

㉣ 특징

- 나룻배와 행인의 관계를 통해 인내와 희생, 사랑에 대한 숭고한 의지를 노래
- 수미 상관의 구조를 통해 시의 안정감과 리듬감을 살림
- 여성적 어조를 사용하여 시적 효과를 극대화
- 상징적, 은유적 표현을 통해 함축미를 살림

14 ②

작가나 독자, 사회 등과 작품을 관련지어 해석하는 외재적 관점과 달리 내재적 관점은 작품 자체의 구조나 내용에 초점을 맞춰 비평하는 방식이다.

①③ 표현론적 관점 ④ 반영론적 관점

※ 김수영의 눈

㉠ 갈래 : 자유시, 서정시

㉡ 성격 : 비판적, 의지적, 주지적, 상징적

㉢ 주제 : 정의롭고 순수한 생명력 회복에의 갈망

㉣ 특징

- 동일한 문장의 반복과 문장 변형 및 첨가를 통한 점층적 진행으로 리듬감 강조
- '눈'과 '기침'의 상징성을 부각시켜 주지적인 성격을 극대화
- 단호하고 강인한 남성적 어조

15 ③

③ 커다란 이상을 품과 살았던 석가나 예수가 남긴 천고에 사라지지 않을 '그림자'는 '업적'의 의미로 해석하는 것이 가장 타당하다.

16 ①

① '이 씨'를 '소', '장작개비' 등에 비유하고 있으나 이는 현실비판의 의미가 아니라 청자의 생활 태도를 개선하기 위한 설득의 한 방법으로 활용되었다.

17 ②

② 읍참마속(泣斬馬謖) : 큰 목적을 위하여 자기가 아끼는 사람을 버림

① 견마지로(犬馬之勞) : 개나 말 정도의 하찮은 힘이라는 의미로, 윗사람에게 충성을 다하는 자신의 노력을 낮추어 이름

③ 풍수지탄(風樹之嘆) : 효도를 다하지 못한 채 부모님을 여읜 자식의 슬픔

④ 불치하문(不恥下問) : 손아랫사람이나 지위가 자신만 못한 사람에게 묻는 일을 부끄러워하지 않음

18 ③

① 희안한 → 희한한

② 착찹하기 → 착잡하기

④ 흉칙스러운 → 흉측스러운

19 ④

시아버지인 윤직원 영감이 집안의 살림살이를 고 씨가 아닌 박 씨에게 물려줬다는 내용으로 미루어 볼 때, 고 씨의 현재 심경은 절망적일 것이다.

20 ③

① 제시문에 언급되지 않은 내용이다.

② 극장가가 형성된 것은 1910년부터이다.

④ 변사는 자막과 반주 음악이 등장하면서 점차 소멸하였다.

2012. 5. 12 | 상반기 지방직 시행

1 ④

① 묵호 → Mukho
② 극락전 → Geungnakjeon
③ 경포대 → Gyeongpodae

2 ③

① 지양(止揚) → 지향(志向)
② 도매급(盜賣級) → 도매금(都賣金)
③ 호도(糊塗)는 '풀을 바른다.'는 뜻에서 나온 말로, 명확하게 결말을 짓지 않고 일시적으로 감추거나 흐지부지 덮어 버린다는 의미이다.
④ 향년(享年)은 '한평생 살아 누린 나이'라는 뜻으로 죽을 때의 나이를 가리킨다.

3 ③

③ 꼬냑 → 코냑

4 ②

① 무릎쓰고 → 무릅쓰고
③ 띈 → 띤
④ 벌렸다가 → 벌였다가

5 ①

첫 번째 괄호에는 앞 문장의 이유가 뒤에 이어지므로 인과관계의 접속어 '왜냐하면'이, 두 번째 괄호에는 앞뒤 문장이 시가의 발생에 대하여 같은 맥락으로 이어지고 있으므로 순접접속어 '그리고'가 마지막 괄호에는 앞의 내용을 정리하며 결론짓는 인과관계의 접속어 '그러므로'가 가장 적절하다.

6 ④

① **담그다** : 김치 · 술 · 장 · 젓갈 따위를 만드는 재료를 버무리거나 익거나 삭도록 그릇에 넣어 두다.
② **상큼하다** : 까칠하고 눈이 쏙 들어가다.
③ **상기다** : 관계가 깊지 않고 조금 서먹하다.
④ 잠궈 → 잠가

7 ①

저촉(抵觸) : 법률이나 규칙 따위에 위반되거나 거슬리다.
해당(該當) : 어떤 범위나 조건 따위에 바로 들어맞다.

8 ③

③ 이 글은 '이기적 유전자' 혁명이 전하는 메시지가 인간이 철저하게 냉혹한 이기주의자라는 것은 아니며 사실은 정반대라고 언급하고 있다.

9 ①

① 받치다 → 받다
② **붙이다** : 어떤 감정이나 감각이 생겨나다.
③ **갈음하다** : 다른 것으로 바꾸어 대신하다.
④ **늘이다** : 본디보다 더 길게 하다.

10 ④

(다) 다문화정책의 핵심 – (가) 인간을 경제적 요소로만 보았을 때의 문제점 – (라) 이미 들어온 이민자에 대한 지원 – (나) 다문화정책의 패러다임 전환

11 ②

① '농경'은 '논밭을 갈아 농사를 짓다.'라는 의미로 '농경을 지어 왔다.'라는 표현은 의미가 중복된다. '우리나라는 전통적으로 농경사회였다.' 정도로 고칠 수 있다.
③ 힌두교도들 역시 쇠고기를 먹는 서유럽 사람들에게 혐오감을 느낄 것이다.
④ 이슬람, 유대교도들 또한 서유럽의 돼지고기를 먹는 식생활에 거부감을 느낄 것이다.

12 ①

화제를 제시하고 문제를 제기하는 부분으로 글의 서론에 들어가는 것이 가장 적절하다.

13 ②

① **곡학아세** : 배운 것을 바르게 펼치지 못하고, 뜻을 굽혀 가면서 속세에 아부하여 출세하려는 태도나 행동을 이르는 말이다.

② **면종복배** : 겉으로는 순종하는 척하고 속으로는 딴 마음을 먹는다는 의미이다.

③ **부화뇌동** : 우레 소리에 맞추어 천지 만물이 함께 울린다는 의미로, 줏대 없이 남의 의견에 동조한다는 말이다.

④ **허장성세** : 실력도 없으면서 허세를 부리는 모양을 이르는 말이다.

14 ③

'절다'는 '전', '절어', '저니', '저오'의 형태로 활용한다.

15 ②

분노의 감정이 일었을 때 동물과 사람이 어떤 행동을 나타내는지에 대해 이야기하고 있다.

16 ②

① 사람의 말은 비록 발은 없지만 천 리 밖까지도 퍼진다는 의미로, 말을 가려서 해야 함을 비유적으로 이르는 속담이다.

② 외부에서 들어온 지 얼마 안 되는 사람이나 물건이 원래부터 있던 사람이나 물건을 내쫓고 대치함을 비유적으로 이르는 속담이다.

③ 아무리 비밀스럽게 한 말이라도 남의 귀에 들어갈 수 있으니 말조심해야 한다는 의미이다.

④ 고기의 제 맛을 즐기려면 자꾸 씹어야 하듯, 하고 싶은 말은 시원하게 해 버려야 좋다는 의미이다.

17 ④

① 두 집이 친하게 지낸 것은 최근의 <u>일로서</u> 그전에는 사이가 아주 나빴다.

② 홍 교수는 고려가요 '청산별곡'을 대칭구조로 파악해서는 <u>안된다고</u> 강력히 주장하였다.

③ 위에서 제시된 여러 근거를 종합해 보면 김 교수의 몽고에 대한 연구가 원 세조 등장 이후만을 대상으로 했다는 점에서 상당히 <u>인위적이라는 것을 알 수 있다.</u>

18 ④

'누구에게도 그렇다.'는 보편성과 맥락을 같이 한다.

19 ②

이 글은 주남 저수지의 백조들에 대한 글로, ㉣은 글의 통일성을 해치므로 삭제하는 것이 옳다.

20 ①

나라가 약속을 지키자 백성들이 나라의 정책을 잘 따랐다는 내용으로 보아 신뢰의 중요성에 대해 이야기 하고 있는 글이라고 볼 수 있다.

2012. 9. 22 | 하반기 지방직 시행

1 ③

특기(特記) … 특별히 다루어 기록함 또는 그런 기록

① 틀려→달라

② 의의(意義)→의의(疑意)

④ 갈음→가늠

2 ①

① '가'는 '되다', '아니다' 앞에서 보격조사로 쓰인다.

②③④ 주격조사

3 ②

② 구비문학은 계속적으로 변하며, 그 변화가 누적되어 개별적인 작품이 존재하는 특징을 지니므로 유동문학(流動文學), 적층문학(積層文學)이라고도 한다.

4 ②

② 기본형이 '베풀다'이므로 '베풂'이 바른 명사형이다. 어간의 끝이 'ㄹ'로 끝난 용언의 명사형은 명사형 전성 어미 'ㅁ'과 결합할 때, 'ㄻ'의 형태로 활용한다.

5 ①

① 같은 조건이라면 좀 더 좋고 편리한 것을 택한다는 의미이다.

② 일이 우연히 잘 맞아 감을 비유적으로 이르는 말이다.

③ 남의 덕으로 분에 넘치는 행세를 하거나 대접을 받고 우쭐대는 모습을 비유적으로 표현하는 말이다.

④ 아무리 훌륭한 것이라도 다듬어 쓸모 있게 만들어야 값어치가 있음을 이른다.

6 ④

① 60세 ② 40세 ③ 77세 ④ 88세

7 ②

① 그가 고향을 떠난 지도 벌써 10년이 되었다.

③ 옆집에서 잔치를 하는지 아주 시끄럽네요.

④ 빠른 시일 내에 원상태로 복구하겠습니다.

8 ①

① 이 소설의 시점은 전지적 작가 시점으로 작가가 작중 인물의 생각과 심리를 직접 서술하고 있다.

※ 황순원의 너와 나만의 시간

㉠ **갈래** : 단편소설

㉡ **배경** : 한국전쟁 당시 초여름, 깊은 산 속

㉢ **시점** : 전지적 작가 시점

㉣ **특징** : 생사의 갈림길에서 겪는 등장인물들의 심리를 간결한 문장으로 사실적으로 묘사함
인물이 처한 상황과 심리를 중심으로 이야기를 전개

㉤ **주제** : 극한 상황에 처한 인간의 삶에 대한 의지, 연대감의 아름다움

9 ①

① 간사하고 요사스러운 귀신을 물리치고 경사스러운 일로 나아감

② 당치도 않은 말을 억지로 끌어다 자신의 주장의 조건에 맞도록 함

③ 보람된 일을 없이 헛되이 세월만 보내는 것을 한탄함

④ 어떤 일이든 결국 이치에 맞게 돌아감

10 ④

④ '늙다'는 형용사로 통용되어 쓰이지 않는 동사로, '늙는다', '늙는'의 형태로 활용한다. 참고로 '젊다'는 형용사이다.

11 ③

③ 제시된 글은 헤르만 헤세의 말을 인용하여 유명하다거나 그것을 모르면 수치스럽다는 이유로 무리하게 독서를 하는 것은 그릇된 일이며, 자기에게 자연스러운 면에 따라 행동하라고 언급하고 있다. 이는 남들의 기준이 아닌 자신의 기준에 따라 하는 독서가 좋은 독서라고 주장하는 것이라고 볼 수 있다.

12 ③

③ 벽(癖)이란, 무엇을 치우치게 즐기는 성벽(性癖) 또는 고치기 어렵게 굳어 버린 버릇을 이르는 말로, 제시된 글은 '꽃－나비', '산－샘'처럼 사람에게는 벽이 있어야 한다고 말하고 있다.

13 ②

② '－(으)ㄹ래야'는 비표준어이다. '－(으)려야'는 '－(으)려고 해야'의 준말로 표준어이다.

※ **2011년 8월 새로 추가된 표준어**

간질이다, 남사스럽다, 등물, 맨날, 묫자리, 복숭아뼈, 세간, 쌉싸름하다, 토란대, 허접쓰레기, 흙담, ～길래, 개발새발, 나래, 내음, 눈꼬리, 떨구다, 뜨락, 먹거리, 메꾸다, 손주, 어리숙하다, 연신, 휭하니, 걸리적거리다, 끄적거리다, 두리뭉실하다, 맨숭맨숭/맹숭맹숭, 바둥바둥, 새초롬하다, 아웅다웅, 야멸차다, 오손도손, 찌뿌둥하다, 추근거리다, 택견, 품새, 짜장면

14 ③

③ 농부는 아들들에게 부지런히 밭을 파고 씨를 뿌려야 가을에 풍성한 곡식을 얻을 수 있다는 교훈을 말로 알려주는 대신, 자식들이 스스로 경험을 통해 깨닫도록 하였다.

15 ④

④ **방증(傍證)** : 사실을 직접 증명할 증거가 되지는 않지만, 주변 상황을 밝혀 간접적으로 사실 증명에 도움을 줌 또는 그런 증거

반증(反證) : 어떤 사실이나 주장이 옳지 않음을 그에 반대되는 근거를 들어 밝힘 또는 그런 증거

16 ④

④ 제시된 글 중후반부의 "그러나 공리주의가 모든 경우에 항상 올바른 해답을 줄 수 있는 것은 아니다.", "다수의 생명을 구하기 위해 한 사람의 목숨을 희생한 행위가 정당했다고 주장하겠는가?"의 내용으로 미루어보아 알 수 있다.

17 ③

① 전항의 규정을 위반한 행위는 취소할 수 있다.

② '이를 정관에 기재하지 아니하면'이 부사절로 안긴문장으로 이러한 경우 '이를'을 삭제해야 한다.

④ '아니한'은 '아니하다'의 준말인 '않다'의 어간 '않－'에 어미 '－은'이 결합된 것으로, 이러한 경우 전체 문장(현재)과 관형절의 시제(과거)가 호응하지 않는다. 따라서 '직무대행자는 가처분명령에 다른 정함이 있는 경우 외에는 법인의 통상 사무에 속하지 않는 행위를 하지 못한다.'로 수정해야 한다.

18 ③

③ 조식의 작품으로, 임금의 승하 소식을 듣고 슬퍼하는 내용이다.

①④ 황진이, ② 계랑의 작품으로 임에 대한 그리움을 노래하고 있다.

19 ②

② 제시된 글은 남의 문화를 받아들여 새롭고 독창적인 우리만의 문화를 이룩한 것에 대해 언급하고 있다. '고려청자'는 중국의 청자를 받아들여 고려인의 독창적인 기법을 더하여 만들어진 것이다. '온돌'은 고유의 문화이므로 답이 될 수 없다.

20 ④

④ 국립국어원 「표준언어예절」에 따르면 '아버님'은 자신의 돌아가신 아버지를 이르거나 편지를 쓸 때, 또는 남의 아버지를 높여 이르는 말이다. 살아계신 자신의 아버지를 지칭할 때는 '아버지'가 옳은 표현이다.

2013. 7. 27 | 안전행정부 시행

1 ④

④ 옳은 지 → 옳은지

※ 의존명사로 '지'를 쓰려면 시간의 경과를 나타내야 한다. 하지만 위의 '어느 말을 믿어야 옳은 지 모르겠다.'는 시간의 경과를 나타내는 것이 아니므로 의문을 나타내는 어미인 '-ㄴ지'를 쓴 것이기 때문에 붙여 쓰는 것이 옳다.

2 ③

첫 번째 문단에서 문제를 알면서도 고치지 않았던 두 칸을 수리하는 데 수리비가 많이 들었고, 비가 새는 것을 알자마자 수리한 한 칸은 비용이 많이 들지 않았다고 하였다. 또한 두 번째 문단에서 잘못을 알면서도 바로 고치지 않으면 자신이 나쁘게 되며, 잘못을 알자마자 고치기를 꺼리지 않으면 다시 착한 사람이 될 수 있다 하며 이를 정치에 비유해 백성을 좀먹는 무리들을 내버려 두어서는 안 된다고 서술하였다. 따라서 글의 중심내용으로는 잘못을 알게 되면 바로 고쳐 나가는 것이 중요하다가 적합하다.

3 ③

언어의 분절성 … 언어는 연속적인 자연의 세계를 불연속적으로 끊어서 사용한다. 단어와 단어 사이가 분절된다는 것이나 자음과 모음이 나누어진다는 것이 그 예이다. 예로 연속된 무지개를 일곱 개의 색으로 나누어 표현하는 것과, 1분 1초 처럼 연속된 시간을 분절하여 나타내는 것이 있다.

① **추상성** : 언어는 개념을 단위로 하는데 개념은 추상화 과정을 거쳐 만들어진다.

② **자의성** : 형식(음성)과 내용(의미) 사이에는 아무런 필연성이 없다. 집단 언중들이 임의적으로 결합시킨 것으로, 언어는 사회마다 다르다.

④ **역사성** : 언어는 시대의 흐름에 따라 형태와 의미가 신생 · 성장 · 사멸한다.

4 ①

① **늘리다/늘이다** : '늘리다'는 물체의 길이, 넓이나 부피 등을 본래보다 커지게 하는 것이며 '늘다'의 사동사이다. 반면 '늘이다'는 본래보다 길게 한다는 뜻으로 선이나 길이에 관해서만 사용한다. 따라서 재산의 경우 '늘였다'가 아닌 '늘렸다'가 맞는 표현이다.

5 ②

② **雲泥之差**(운니지차) : 구름과 진흙의 차이란 뜻이다. 주로 사정이 크게 다를 경우나 서로의 차이가 클 때 사용한다.

① **阿鼻叫喚**(아비규환) : 아비지옥과 규환지옥이라는 뜻이다. 눈뜨고 보지 못할 참상을 일컫는 말이다.

③ **怒氣登天**(노기등천) : 하늘을 찌를 듯이 성이 차있다는 뜻

④ **百難之中**(백난지중) : 온갖 고난을 겪고 있는 중이라는 뜻

6 ②

생태계속에서 다양성이 필요한 상황들을 사회의 상황과 유사성을 빗대어 유추하며 설명하고 있다.

※ **유추** … 두 개의 사물이 여러 면에서 비슷하다는 것을 근거로 다른 속성도 유사할 것이라고 추론하는 것

7 ④

① '한민족의 뿌리를 찾자! 대한 고등학교 연수단' 부분에서 여행의 동기와 목적을 알 수 있다.

② 두 번째 문단에서 비행기 이륙시의 감흥을 상세하게 묘사하였다. 또한 '나는 지금 어디로 가고 있을까, 꿈속을 헤매는 영원한 방랑자가 된 걸까?' 등으로 첫 해외여행의 출발에 대한 감흥을 나타내었다.

③ '8월 15일 오후 3시 15분~ 한여름의 무더위도~'라며 자세하게 설명하고 있다.

※ 노정과 일정

㉠ **노정**(路程) : 목적지까지의 거리나 걸리는 시간, 거쳐 지나가는 길이나 과정을 의미한다.

㉡ **일정**(日程) : 일정 기간 동안 해야 할 일의 계획을 날짜별로 짜 놓은 것 또는 계획을 말한다.

8 ②

② 옥수수와 강냉이는 둘 다 고유어이며 복수 표준어이다. 보조개와 볼우물도 둘 다 고유어이며 복수 표준어이다.

① 친구(한자어) – 벗(고유어)

② 매니저(외래어) – 관리인(한자어)

④ 소금(고유어) – 염화나트륨(한자어 + 외래어, 화학적 명칭)

9 ④

① 계시겠습니다. → 있겠습니다.

② 춤과 노래를 부르고 있다. → 춤을 추고 노래를 부르고 있다.

③ 축배를 터뜨리며 → 축배를 들며

※ **축배** … 축하하는 뜻으로 마시는 술, 혹은 술잔을 뜻하기 때문에 '축배를 들다' 또는 '축배를 올린다'로 표현한다.

10 ③

① 읽게[일께]

② 밭을[바틀]

④ 맑지만[막찌만]

11 ③

지문의 중심내용은 기존 시장 포화의 대안으로 내놓은 vip 마케팅으로 인해 오히려 어려움을 겪고 있다는 것이다. 자승자박(自繩自縛)은 스스로 만든 줄로 제 몸을 묶는다는 뜻, 자신이 한 행동과 말에 구속되어 어려움을 겪는 것을 말한다.

① **견강부회**(牽强附會) : 되지도 않는 말 또는 주장을 억지로 자신의 조건이나 주장에 맞도록 하는 것을 말한다.

② **비육지탄**(髀肉之嘆) : 보람 있는 일을 하지 못한 채 세월만 헛되이 보내는 것을 한탄하는 것을 이른다.

④ **화이부동**(和而不同) : 주위와 조화를 이루며 지내기는 하나 부화뇌동이나 편향된 행동등을 하지 않으며 같아지지 않는 것을 뜻한다.

12 ②

② 어떠한 행동의 의도나 욕망을 가진 의미로 사용할 때는 '-고자'를 사용한다. 따라서 '기여하고져 → 기여하고자'가 되어야 맞다.

13 ③

종속합성어는 어근이 다른 어근을 수식하는 합성어를 말한다.

③ '책가방'은 '책'이 '가방'을 수식하며 '책을 넣어 다니는 가방'으로 의미를 제한하고 있는 종속합성어이다.

①② 대등합성어

④ 융합합성어

14 ③

㉢ 도구를 만들 줄 알게 됨을 설명 → ㉠ 도구로 인한 인간의 변화 → ㉡ 변화에 대한 구체적 설명 → ㉣ 예시를 제시하고 있다.

15 ①

① 토론자들의 발언 전에 사회자가 순서를 말해주며 통제하고 있다.

② 사회자는 논제를 밝히고, 토론자의 입론을 잘 들었다고 이야기 할 뿐, 자신의 찬반에 대한 여부를 표명하고 있지 않다.

③ 반대 측 토론자 1은 찬성 측의 개념을 일부 수용하였지만, 찬성 측 토론자 1은 그렇지 않았다.

④ 찬성 측 토론자 1은 개념에 대한 정의를 자세하게 풀어가며 자신의 주장을 펼치고 있으며, 구체적 사례는 제시하지 않았다.

16 ①

② 안밖 → 안팎

③ 막연한 → 막역한

④ 계시판 → 게시판

17 ③

③ 글에서 말하는 '호모 사피엔스'는 인간을 말한다. '호모 사피엔스'(인간)는 숭고한 본능을 새로 얻고, 세속적 본능은 옛날부터 갖고 있던 것이라고 서술되어 있다.

18 ②

앞부분에서 힐링에 대한 개념 설명, 후에 힐링에 관한 상품 유행에 대해서 이야기하고 있다. 괄호 전에 고가의 힐링 상품에 대한 설명이 있었으며, 직전에 '그러나'라는 역접이 쓰였고, 뒤에는 요가, 명상, 기도 등 많은 돈을 들이지 않고 힐링을 할 수 있는 방법에 대한 예시가 나타나 있다. 따라서 괄호 안에는 많은 돈을 들이지 않고 쉽게 할 수 있는 일부터 찾아야 한다는 ②이 적합할 것이다.

19 ②

첫 번째 문단에서는 아바이 마을에 대한 설명, 두 번째는 가자미인 자리고기에 대한 설명, 세 번째는 가자미를 이용해 만든 가자미식해에 대한 설명이다. 따라서 이 세 문단의 내용을 모두 담을 수 있는 제목으로는 ② 속초의 아바이 마을과 가자미식해가 적합하다.

20 ④

조선시대는 입법, 사법, 행정의 권력 분립이 제도화 되어 있지 않아 재판관과 행정관의 구별이 없었다고만 설명하여 재판관과 행정관의 역할을 알 수 없다.

2013. 8. 24 | 제1회 지방직 시행

1 ④

④ [유리짠] → [유리잔]

2 ③

① 웃는 것이 엄마인지 아가인지 분명하지 않다.
② 귤 두 개, 토마토 두 개를 준 것인지, 귤과 토마토를 합해서 두 개를 준 것인지 모호하다.
④ 비교 대상이 나와 축구인지, 그이와 나인지 분명하지 않다.

3 ①

기본형인 '치르다'에 과거 시제 선어말어미 '-었'이 결합될 경우 '치렀다'로 활용된다. 따라서 '치루었더니'를 '치렀더니'로 고쳐야 한다.

4 ①

조금 기관이 좁혀진 사이로 공기가 마찰하여 나는 소리는 마찰음이다. 국어의 마찰음은 'ㅅ, ㅆ, ㅎ'이 있다.

5 ③

① 바베큐 → 바비큐
② 밧데리 → 배터리
④ 메세지 → 메시지

6 ④

제망매가에서의 '잎'은 죽음을 상징한다.

㉣ '산(山)ㅅ새처럼 날러갔구나!'라는 표현은 아이의 죽음을 나타낸 것이다.

※ 정지용, '유리창'
㉠ 갈래 : 자유시, 서정시
㉡ 성격 : 주지적, 회화적, 감각적, 상징적, 애상적
㉢ 표현상의 특징
- 10구체 향가의 낙구의 영향을 받은 감탄사 사용
- 역설법을 통한 화자의 정서 표출
- 선명한 감각적 시어 구사

㉣ 주제 : 죽은 아이에 대한 그리움과 슬픔

7 ②

② '벌레'와 '개미'는 '작은 것'과 '작은 것'의 관계이다. 나머지는 '작은 것'과 '큰 것'의 관계이다. 밑줄 친 소재를 '작은 것'과 '큰 것'으로 구분하면 다음과 같다.

- '작은 것'에 해당하는 것 : 이, 벌레, 개미, 달팽이의 뿔, 메추리
- '큰 것'에 해당하는 것 : 개, 소의 뿔, 붕새

8 ④

④ 一走 → 逸走 : 도망쳐 달아남
① 사람으로서 마땅히 지켜야 할 도리
② 지위가 높고 영화로움
③ 재능, 능력 따위를 떨치어 나타냄

9 ④

④ 자나 깨나 잊지 못함
① 같은 병을 앓는 사람끼리 서로 가엾게 여긴다는 뜻으로, 어려운 처지에 있는 사람끼리 서로 가엾게 여김을 이르는 말
② 불도의 깨달음은 마음에서 마음으로 전하는 것이므로 말이나 글에 의지하지 않는다는 말
③ 남에게 입은 은혜가 뼈에 새길 만큼 커서 잊히지 아니함

10 ②

② 괄호 앞의 '나는 그가 주저앉는 걸 봄으로써 내가 주저앉고 말 듯한'의 부분으로 보아 상대방과 자신이 하나로 연결되어 있다고 느끼는 연대감이 들어가야 함을 알 수 있다.

11 ①

저지레 … 일이나 물건에 문제가 생기게 만들어 그르치는 일

12 ①

① '문제에 대한 답이 틀리지 아니하다'의 의미를 가지는 '맞다'의 사동사는 '맞히다'이다. 따라서 '맞추면'을 '맞히면'으로 고쳐야 한다.

13 ④

④ 양반은 말뚝이가 조롱조로 하는 말에 넘어가 춤을 추고 있다. 따라서 양반이 춤을 통해 말뚝이를 제압한다고 볼 수 없다.

14 ①

取貸(취대) … 돈을 돌려서 꾸어 주거나 꾸어 씀

15 ③

① **선대인** : 돌아가신 남의 아버지를 높여 이르는 말

② **터울** : 한 어머니의 먼저 낳은 아이와 다음에 낳은 아이와의 나이 차이

④ **매무새 → 매무시**

- 매무새 : 옷, 머리 따위를 수습하여 입거나 손질한 모양새
- 매무시 : 옷을 입을 때 매고 여미는 따위의 뒷단속

16 ②

② 지문에서 '소설 속의 인물들 역시 소설가의 욕망에 따라 혹은 그 욕망에 반대하여 자신의 욕망을 드러내고, 자신의 욕망에 따라 세계를 변형하려 한다.'고 언급하고 있다. 따라서 소설 속의 인물이 자신의 욕망을 소설가의 욕망에 일치시킨다고 보는 것은 지문과 부합하지 않는다.

17 ③

③ 나무가 변화하는 모습을 감각적 이미지로 묘사하고 있는 부분은 찾아볼 수 없다.

18 ②

② **좌하**(座下) : 주로 편지글에서, 받는 사람을 높여 그의 이름이나 호칭 아래 붙여 쓰는 말

19 ②

'象舌附上齶之形(상설부상악지형)'은 '혀가 윗잇몸에 닿는 형상을 본떴다'는 뜻으로 기본자로 제시한 'ㄴ'에 대한 설명이다.

20 ③

- 분류 : 하위 개념을 상위 개념으로 묶어 가면서 설명
- 구분 : 상위 개념을 하위 개념으로 나누어 가면서 설명
- 비교 : 둘 이상의 대상 사이의 유사점에 대하여 설명
- 대조 : 둘 이상의 대상 사이의 차이점에 대하여 설명

2013. 9. 7 | 서울특별시 시행

1 ①

① **사달** : 사고나 탈
② 염치 불구 → 염치 불고(不顧)
③ 주위 → 주의
④ 정안수 → 정화수
⑤ 추켜세우다 → 치켜세우다, 추어올리다

2 ②

② **접** : 100개
① **쾌** : 20마리
③ **쌈** : 24개
④ **두름** : 20마리
⑤ **손** : 2마리

3 ⑤

① 아구찜 → 아귀찜
② 이면수구이 → 임연수어구이
③ 쭈꾸미볶음 → 주꾸미볶음
④ 칼치구이 → 갈치구이

4 ②

① 북까페 → 북카페, 스넥 → 스낵
③ 헐리웃 영화 → 할리우드 영화, 앵콜 공연 → 앙코르 공연
④ 넌센스 → 난센스, 리더쉽 → 리더십
⑤ 네비게이션 제조업체 → 내비게이션 제조업체

5 ①

㈐ : 여덟이[여덜비]
㈒ : 머리말을[머리마를]

6 ⑤

⑤ 늘여야 → 늘려야

7 ⑤

⑤ '허섭스레기'와 '허접쓰레기'가 복수 표준어이다.

8 ④

① 계시겠습니다 → 있겠습니다
② 있을런지 → 있을는지
③ 후손에 → 후손에게
⑤ 먹든지 → 먹던지

9 ②

'돕다'는 '돕고', '돕는', '도와서', '도우니' 등의 형태로 활용한다. → 'ㅂ' 불규칙

② '굽다' 역시 '굽고', '구우니', '구워서' 등으로 활용하는 'ㅂ' 불규칙이 적용된다.

10 ④

流出(유출) : 귀중한 물품이나 정보 따위가 불법적으로 나라나 조직의 밖으로 나가 버림. 또는 그것을 내보냄
情況(정황) : 일의 사정과 상황
捕捉(포착) : 어떤 기회나 정세를 알아차림
特段(특단) : 보통과 구별되게 다름
方針(방침) : 앞으로 일을 치러 나갈 방향과 계획

11 ①

② 수 밖에 → 수밖에
③ 읽는데 → 읽는 데
④ 실력 뿐입니다 → 실력뿐입니다
⑤ 외출시 → 외출 시

12 ⑤

⑤ **千慮一失**(천려일실) : '천 번 생각에 한 번 실수'라는 뜻으로 슬기로운 사람이라도 여러 생각 가운데 잘못된 것이 있을 수 있음을 이르는 말이다.
① 좌고우면
② 불문곡직
③ 청출어람
④ 지리멸렬

13 ②

② 윤흥길의 「아홉 켤레의 구두로 남은 사내」는 성남시가 배경이다.

14 ③

제시문은 경기체가인 '한림별곡'이다.

① 경기체가는 고려 시대 때 출현한 장르이다.

④ 경기체가는 운문이다.

⑤ 경기체가는 고려 중엽 이후 발생한 장가이다.

15 ⑤

⑤ '바람', '밤' 등으로 표현된 현실적 고통이나 시련 속에서도 나한테 주어진 길을 걸어가는 것은 이에 대한 극복 의지라고 볼 수 있다.

※ 윤동주 '서시'

㉠ **갈래** : 자유시, 서정시

㉡ **성격** : 고백적, 성찰적, 상징적, 의지적

㉢ **표현상의 특징**

- 자연적 소재에 상징적 의미 부여
- 이미지의 대조(별 ↔ 바람)
- 절제된 표현과 자기 고백적 어조 사용

㉣ **주제** : 부끄러움 없는 삶에 대한 소망과 시련 극복의 의지

16 ④

㈎, ㈐, ㈑는 언어의 본질과 은유에 대해 설명하고 있다. ㈒는 ㈐의 예로 ㈐ 뒤에 오는 것이 적절하며 ㈏는 ㈒에 대한 예로 볼 수 있으므로 ㈒ 뒤에 와야 한다. 따라서 ㈎ − ㈑ − ㈐ − ㈒ − ㈏의 순서로 배열해야 한다.

17 ③

① ㈎가 ㈏보다 경제 공황을 더 잘 설명하고 있다.

② ㈏로부터 ㈎가 도출된다.

④ ㈎에서는 경제학에 대한 물리적인 접근을 하고 있으며 ㈏에서는 신고전 경제학을 설명하고 있으므로, ㈏가 ㈎를 수학적으로 다시 설명한 것이라고 볼 수 없다.

⑤ ㈎가 실제 상황을, ㈏는 이론으로서 가정된 상황을 서술한 것이다.

18 ④

㈐ 뒤에 '분주하고 정신이 없는 장면을 보여 주고, 나중에 그 모습에 대해서 이야기하게 해 보자.'라는 문장이 언급되고 바로 ㈑ 뒤에서 '어느 부분에 주목하고, 또 어떻게 그것을 해석했는지에 따라 즐겁기도 하고 무섭기도 하다.'라는 내용이 나온다. 따라서 이 두 문장을 논리적 흐름에 맞게 연결하면서 뒤의 내용을 전체적으로 포괄하기 위해 두 문장 사이에 (A)가 들어가는 것이 적절하다.

19 ③

필자는 도킨스의 이론이 인간 개체를 유전자라는 진정한 주체의 매체에 지나지 않는다고 보아 살아가고 있는 구체적 생명체를 경시하게 되는 논리가 잠재되어 있다고 본다. 따라서 필자는 '인간을 포함한 생명체는 진정한 주체인가?'라는 문제를 제기했다고 보는 것이 적절하다.

20 ③

'줄여 간 게 아니라면 그래도 잘된 게 아니냐'는 위로에 반응이 신통치 않았고, '집이 형편없이 낡았다'고 토로했다. 이에 대해 이어지는 '낡았다고 해도 설마 무너지기야 하랴'라는 말에 위로치고는 어이가 없어서 웃었을 것으로 짐작할 수 있다.

2013. 9. 7 | 국회사무처 시행

1 ②

① 하던지 말던지 → 하든지 말든지
③ 들어나 → 드러나
④ 믿음으로 → 믿으므로
⑤ 바램 → 바람

2 ④

① 예쁜 것이 소녀인지, 옷인지 모호하다.
② 보고 싶음의 대상이 선생님인지, 학생인지 모호하다.
③ 아름다운 것이 고향인지, 하늘인지 모호하다.
⑤ 키가 큰 것이 형인지, 친구인지 모호하다.

3 ③

③ '맛없다'는 [마덥따]로만 발음한다.

4 ②

② 지을 지 → 지을 줄
※ 의존명사 '지'와 '줄'
㉠ 지 : 어떤 일이 있었던 때로부터 지금까지의 동안을 나타내는 말
㉡ 줄 : 어떤 방법, 셈속 따위를 나타내는 말

5 ②

② 벗겨진 → 벗어진
※ 벗어지다
㉠ 덮이거나 씌워진 물건이 흘러내리거나 떨어져 나가다.
㉡ 누명이나 죄 따위가 없어지다.
㉢ 머리카락이나 몸의 털 따위가 빠지다.
㉣ 피부나 거죽 따위가 깎이거나 일어나다.
㉤ 때나 기미 따위가 없어져 미끈하게 되다.

6 ④

① 인두껍 → 인두겁
② 눈꼽 → 눈곱
③ 설레여요 → 설레요

7 ⑤

'ㄱ, ㄷ, ㅂ'은 모음 앞에서는 'g, d, b'로, 자음 앞이나 어말에서는 'k, t, p'로 적는다.
⑤ Gogseong → Gokseong

8 ⑤

⑤ 종속적으로 이어진 문장
①②③④ 대등하게 이어진 문장

9 ⑤

⑤ 역지사지 : 처지를 바꾸어서 생각하여 봄
이심전심 : 마음과 마음으로 서로 뜻이 통함
① 새옹지마 : 인생의 길흉화복은 변화가 많아서 예측하기가 어렵다는 말
전화위복 : 재앙과 화난이 바뀌어 오히려 복이 됨
② 관포지교 : 관중과 포숙의 사귐이란 뜻으로, 우정이 아주 돈독한 친구 관계를 이르는 말
단금지교 : 쇠라도 자를 만큼 강한 교분이라는 뜻으로, 매우 두터운 우정을 이르는 말
③ 일거양득 : 한 가지 일을 하여 두 가지 이익을 얻음
일석이조 : 돌 한 개를 던져 새 두 마리를 잡는다는 의미로, 동시에 두 가지 이득을 봄을 이르는 말
④ 막상막하 : 더 낫고 더 못함의 차이가 거의 없음
난형난제 : 형, 아우를 구분하기 어렵다는 뜻으로, 두 사물이 비슷하여 낫고 못함을 정하기 어려움을 이르는 말

10 ①

② 遝至(답지)
③ 膏肓(고황)
④ 看過(간과)
⑤ 前揭(전게)

11 ③

제시된 글은 윤선도의 '어부사시사' 중 춘사의 일부이다. 종장에서는 청신한 계절감각을 찾아보기 어렵다.

※ 현대어풀이

동풍이 건듯 부니 물결이 고이 인다.

동쪽 호수를 돌아보며 서쪽 호수로 가자꾸나.

앞산 지나가고 뒷산이 나아온다.

12 ④

제시문은 김시습의 「금오신화」 중 '만복사저포기'의 일부이다.

① 일찍 부모를 여의고 장가들지 못한 채 만복사 동쪽에서 홀로 지내고 있었다는 부분에서 알 수 있다.

② 홀연 공중에서 소리가 들려오는 등의 내용으로 알 수 있다.

③ 양생은 자신의 쓸쓸함을 시로 읊조리고 있다.

⑤ 수사적 표현이란 문장에서 단어의 배열 순서에 변화를 주어 특별한 효과를 얻는 수사법으로 설의법, 돈호법, 대구법 등이 있다.

13 ⑤

① 당신 좋을 대로(의존명사) 하십시오. 처벌하려면 법대로(조사) 해라.

② 숨소리가 들릴 만큼(의존명사) 조용했다. 집을 대궐만큼(조사) 크게 지었다.

③ 사진에서 본 바(의존명사)와 같이 절경이었다. 다음과 같이 통보하여 온 바(의존명사)를 알려드립니다.

④ 그 책을 다 읽는 데(의존명사) 삼 일이 걸렸다. 날씨가 추운데(어미) 외투를 입고 나가거라.

14 ③

③ 한글은 종서도 할 수 있고 횡서도 할 수 있다는 문장에서 알 수 있다.

① 앞으로 우리가 할 일은 한글의 장점은 더욱 살리고 단점은 고쳐 나가는 것이라는 내용으로 볼 때 개선의 여지가 없다고 보는 것은 적절치 않다.

② 가로 풀어쓰기의 주장은 한글을 희랍과 로마 알파벳의 아류로 만들려는 극단적인 경우라고 언급하고 있다.

④ 한글 체계를 희랍과 로마 알파벳의 체계에 가깝게 고치려고 한다는 점에서 둘의 체계가 동일하지 않다는 것을 추론할 수 있다.

⑤ 종서와 횡서를 할 수 있다는 한글의 장점이 앞으로 문자생활이 다양해지게 만들 것이라 결론짓고 있다.

15 ①

㈎㈏ 모두 눈앞에 펼쳐지듯 배경을 시각적으로 묘사하면서, 뻐꾸기 울음, 꾀꼬리 울음 등으로 청각적 이미지를 겹쳐 입체적인 이미지를 형성하고 있다.

16 ④

용비어천가 제125장은 용비어천가 전체의 주제를 수렴하고 응집하는 결사(結詞)에 해당한다. 서사의 제1장, 2장의 내용과 주제를 이어서 송축(頌祝)과 경계(警戒)를 강조하고 있다.

※ 현대어풀이

천세 전부터 미리 정하신 한강 북에 어진 덕을 쌓아 나라를 여시어, 나라의 운명이 끝이 없으시니,

성스러운 임금이 이으시어도 하늘을 공경하고 백성을 부지런히 돌보셔야 더욱 굳으실 것입니다.

임금이시여, 아소서. 낙수에 사냥 가 있으며 할아버지를 믿었습니까?

17 ②

② 반의어 관계

①③④⑤ 옛말과 현대어

18 ④

지문은 공명과 한니발의 예를 들면서 그들이 개인적으로는 존경과 경외의 대상이었지만 개인의 힘의 한계로 인해 패배자가 될 수밖에 없었다고 언급하고 있다.

19 ①

㈎ 의사소통의 네 가지 기능 → ㈒ 네 영역에 대한 교수학습의 조직화의 필요성 → ㈐ 한국어의 특수성에 맞는 연구 결과의 조정 → ㈓ 연구 성과를 현장에 반영하기 위한 교사의 방법 → ㈏ 최고의 방법 → ㈑ 결론

20 ③

빈칸에는 지문에서 언급된 다양한 쇼핑 형태를 활용하여 알뜰하게 쇼핑할 수 있는 방법이 와야 한다. 따라서 매장구입에 비해 인터넷 상점은 반품이나 서비스를 받기 불편하다는 내용이 오는 것은 어색하다.

2014. 3. 8 | 법원사무직 시행

1 ②

(가) : 조선 왕조의 퇴락한 고궁을 보면서 망국(亡國)의 비애를 노래한다.

(나) : 역사적 시련을 극복하고 나가는 자유와 신념을 노래하고 있다.

(다) : 일제 강점의 극한 현실에서도 초극하려는 강한 의지를 담고 있다.

2 ③

(나)의 주제는 인종의 세월을 극복하고 새, 울음, 소리, 푸름, 웃음, 악기, 뇌성, 음향이 되어 자유롭게 날아가는 모습을 그리고 있다. 특히 마지막 연에서 먹구름이 깔리면 뇌성이 되겠다는 구절은 시련에 저항하는 모습을 암시하고 있다.

3 ③

㉠은 극도로 절망적인 상황에서도 정신적인 초극 의지를 보이는 전환과정이라고 할 수 있다. '바위'에서 이와 유사한 구절을 찾는다면, '안으로 안으로만 채찍질하여'이라고 할 수 있다.

4 ④

내재적 관점은 화자, 청자, 구조, 표현 방법, 이미지 등 시 자체만을 대상으로 분석하는 감상 방법이다.

①②③은 표현론, 반영론, 효용론적 관점으로 외재적 관점이다.

5 ①

①② ㉠에서 알 수 있다.

③ 초란이 무녀와 관상녀를 청하는 부분에서 알 수 있다.

④ 길동이 총명함에도 불구하고 서자라는 이유로 호부호형을 하지 못하고 천대를 받는 점에서 빌어 알 수 있다.

6 ④

④ '저어하다'는 '염려하다', '두려워하다'의 의미를 가진다.

7 ③

㉠에는 입신양명(立身揚名)의 의지가 잘 드러난다.

③ 장수의 기개가 나타나는 남이장군의 시조이다.

① 일편단심을 주제로 한 박팽년의 시조이다.

② 수양 대군에 대한 비판과 우국의 정을 그린 유응부의 시조이다.

④ 천성을 지키는 삶에 대해 노래한 변계량의 시조이다.

8 ①

㉡ 앞의 '그 말을 짐작하나'를 통해 의문에서 비롯된 말이 아니라는 것을 알 수 있다. 문맥을 고려하면 이는 길동을 꾸짖어 질책하는 마음을 담은 말이라고 볼 수 있다.

9 ②

② 독자에게 객관적 신뢰감을 형성하는 것은 3인칭 관찰자 시점이다. 김유정의 소설 「봄봄」이 1인칭 주인공 시점으로 주인공의 관점에서 주관적으로 사건을 전개하고 있다.

10 ④

④ 뭉태는 '나'가 장인에게 당하는 것을 답답해하며 조언을 해 준다. 사리를 밝힐 줄 아는 모습은 나오지만 남의 이익을 위해 자신을 희생하는 성격은 나타나지 않는다.

11 ③

「봄봄」은 역순행적 구성을 취한다. 이를 시간적 순서에 따라 구성하면 (나) 점순이의 1차 충동질(그저께) → (가) 장인과 1차 싸움(그저께) → (다) 구장에게 중재 요청(어제 낮) → (라) 뭉태와의 만남(어젯밤) → (마) 점순이의 2차 충동질(오늘 아침) → (사) 장인과 2차 싸움 → (바) 장인의 회유에 일하러 감의 순서이다.

12 ①

(나)의 마지막 부분 등을 참고로 할 때 점순이 역시 '나'와의 혼인을 원하지만 아직은 아버지 편을 들 수밖에 없는 상황이라 이중적인 태도를 취하는 것이다.

13 ④

㉠ **내외** : 남에 서로 얼굴을 마주 대하지 않고 피함
㉡ **고대** : 이제 막. 바로 곧
㉣ **귀정** : '歸正', 그릇된 일이 바른 길로 돌아옴
㉤ **마슬** : 이웃에 놀러 다니는 일
㉥ **되우** : 되게. 아주 몹시
㉧ **솔개미** : 솔개의 방언

14 ②

(나)는 선경후정(先景後情)이 아닌 중장 – 근경, 종장 – 원경으로 표현하고 있다.

15 ①

㉠은 임(단종)과 이별한 슬픔을 이입한 사물로 애상적인 정서를 나타낸다.
㉡㉢㉣은 화자가 긍정적으로 생각하는 대상이다.

16 ④

(나) : 안빈낙도(安貧樂道)의 삶
(라) : 강호에서의 삶과 임금의 은혜에 대한 감사

17 ②

(가) : 임(단종)과 이별한 슬픔
(다) : 임을 기다리는 간절한 마음

18 ①

① 상춘곡(賞春曲)의 주제는 봄날의 경치에 대한 완상(玩賞)과 안빈낙도이다. 즉 대상이 되는 계절은 봄에 한정되며, 계절의 변화는 찾아볼 수 없다.

19 ①

② 물아일체(物我一體)로 자연과 인간의 흥(興)이 동일하다.
③④ 선공후사(先公後私)나 위정자와 관련지어 해석하기 어렵다.

20 ①

① 자연에 묻혀 사는 삶의 풍류와 즐거움
② 신념에 따라 행동하는 소신과 강직한 의지
③ 근면과 상부상조
④ 시름 해소에 대한 염원

21 ③

ⓐ는 주객이 전도된 표현이다. ③은 폭포가 떨어지는 모습을 역설적으로 표현했을 뿐 주객전도의 표현은 보이지 않는다.
① '빈 병만 우두커니 나를 쳐다본다'
② '영롱 벽계와 수성 제조는 이별을 원하는 듯'
④ '등불이 나에게 속삭거린다'

22 ②

'꺽정이처럼 울부짖'는 모습은, 농민의 분노와 좌절을 그리고 있지만 이를 자각에 이른 상황이라고 보기는 어렵다.

23 ④

③ 목놓아 우는 행동은 비록 비애를 보냈지만, 어두운 역사 현실로 인해 이미 얼룩진 청춘에 대한 탄식에서 나오는 울음으로 보는 것이 더욱 적절하다.

24 ①

① 1연의 '하늘'은 나와 하늘과 산뿐인 화자의 고독한 상황을 보여주는 대상이다.

25 ②

문제에서 제시한 서론은 전통 음악의 대중화 방안이 시급함을 주제로 한다. 화자에게 서양 음악은 낯선 음악으로 부정적으로 생각하는 대상이다. 따라서 서양 음악에 대한 이해 증진은 본론에 들어갈 내용으로 적절하지 않다.

2014. 3. 15 | 제1차 경찰공무원(순경) 시행

1 ②

② 등굣길[등교낄/등굗낄]은 '등교'+'길'로 순 우리말과 한자어로 된 합성어로서, 앞말이 모음으로 끝나고 뒷말의 첫소리가 된소리로 나는 경우이므로 사이시옷을 받치어 적는다.

※ 한글맞춤법 제30항 … 사이시옷은 다음과 같은 경우에 받치어 적는다.

㉠ 순 우리말로 된 합성어로서 앞말이 모음으로 끝난 경우
- 뒷말의 첫소리가 된소리로 나는 것 : 나룻배, 냇가, 찻집, 햇바늘 등
- 뒷말의 첫소리 'ㄴ, ㅁ' 앞에서 'ㄴ' 소리가 덧나는 것 : 아랫니, 뒷머리, 잇몸, 냇물 등
- 뒷말의 첫소리 모음 앞에서 'ㄴㄴ' 소리가 덧나는 것 : 도리깻열, 뒷일, 나뭇잎, 배갯잇 등

㉡ 순 우리말과 한자어로 된 합성어로서 앞말이 모음으로 끝난 경우
- 뒷말의 첫소리가 된소리로 나는 것 : 귓병, 아랫방, 전셋집, 찻기, 햇수 등
- 뒷말의 첫소리 'ㄴ, ㅁ' 앞에서 'ㄴ' 소리가 덧나는 것 : 제삿날, 훗날, 툇마루 등
- 뒷말의 첫소리 모음 앞에서 'ㄴㄴ' 소리가 덧나는 것 : 예삿일, 훗일 등

㉢ 두 음절로 된 다음 한자어 : 곳간(庫間), 셋방(貰房), 숫자(數字), 찻간(車間), 툇간(退間), 횟수(回數)

2 ①

제시된 문장은 중의성을 가진 문장으로 '동생과 형 중에 장난감을 더 좋아하는 것은 동생이다.'는 경우와 '형과 장난감 중에 동생이 더 좋아하는 것은 장난감이다.'의 경우 두 가지로 해석할 수 있다.

3 ④

'열다'가 가지는 의미

㉠ (~을) 열다
- 닫히거나 잠긴 것을 트거나 벗기다. (예 : 문을 열다.)
- 모임이나 회의 따위를 시작하다. (예 : 동창회를 열다.)
- 하루의 영업을 시작하다. (예 : 가게 문 여는 시간은 오전 9시이다.)

㉡ (~에 ~을) 열다
- 사업이나 경영 따위의 운영을 시작하다. (예 : 신촌에 가게를 열었다.)
- 새로운 기틀을 마련하다. (예 : 이 땅에 새 시대를 열었다.)

㉢ (~에/에게 ~을) 열다('마음'을 목적어로 하여)
- 자기의 마음을 다른 사람에게 터놓거나 다른 사람의 마음을 받아들이다. (예 : 그는 그녀에게 닫혔던 마음을 열었다.)
- 다른 사람에게 어떤 일에 대하여 터놓거나 이야기를 시작하다. (예 : 용의자가 마침내 입을 열었다.)

㉣ (~과 ~을) 열다
- 어떤 관계를 맺다. (예 : 조선은 청나라와 국교를 열었다.)

4 ②

② 돌(어근)+다리(어근) → 합성어
① 군(접두사)+말(어근) → 파생어
③ 덧(접두사)+가지(어근) → 파생어
④ 짓(접두사)+누르다(어근) → 파생어

5 ③

③ '귀뚜'은 다만 3에 해당하는 예로 [귀뚜]으로 발음한다.

6 ④

'허방을 짚다'는 '발을 잘못 디디어 허방에 빠지다' 또는 '잘못 알거나 잘못 예산하여 실패하다'의 의미를 가지는 관용구이다.

7 ②

㉡은 巧言令色(교언영색)에 해당하는 설명이다. 曲學阿世(곡학아세)는 바른 길에서 벗어난 학문으로 세상 사람에게 아첨함을 이르는 한자성어이다.

8 ③

③ Ⅱ. 전개 1의 ㈐는 문화 산업을 육성하자는 이 글의 주제와 맥락을 함께한다. 따라서 삭제해서는 안 된다.

9 ②

② ㄷ, ㄸ, ㅌ은 조음위치에 따르면 치조음(齒槽音)에 해당하며, 조음방법에 따르면 장애음(㉡) 중 파열음(㉤)에 해당한다.

10 ①

② 바쳐서 → 받혀서(받히다 : 머리나 뿔 따위로 세차게 부딪치다의 뜻을 갖는 '받다'의 피동)
③ 밭쳐 → 바쳐(바치다 : 신이나 웃어른에게 정중하게 드리다.)
④ 받혀서 → 받쳐서(받치다 : 어떤 물건의 밑에 다른 물체를 올리거나 대다.)

11 ④

㉠㉡㉢은 온돌과 직접적으로 관련된 것이라면 ㉣풍경은 온돌에서 바라보는 대상으로 온돌이 속성과 관련이 가장 적다.

12 ③

③ '둔덕'은 가운데가 솟아서 불룩하게 언덕이 진 곳을 말한다.

13 ③

지문은 저출산으로 인한 인구 감소의 문제에 대해 언급하고 있다.

14 ①

② 두 번째 문단에서 국제 연합 인구 기금의 자료 등을 근거로 제시하고 있다.
③ 네 번째 문단에서 인구 감소의 긍정적 측면을 언급한 후 이를 반박하고 있다.
④ 첫 번째 문단에서 전제를 제시한 후 이를 바탕으로 논의를 전개한다.

15 ③

③ **당랑거철** : 제 역량을 생각하지 않고, 강한 상대나 되지 않을 일에 덤벼드는 무모한 행동거지를 비유적으로 이르는 말이다.
① **붕정만리** : '산천만리(山川萬里)'와 같은 뜻으로 산을 넘고 내를 건너 아주 먼 거리를 말한다.
② **문경지교** : 생사를 같이할 수 있는 아주 가까운 사이, 또는 그런 친구를 이르는 말이다.
④ **와신상담** : 원수를 갚거나 마음먹은 일을 이루기 위하여 온갖 어려움과 괴로움을 참고 견딤을 비유적으로 이르는 말이다.

16 ①

지문은 1인칭 주인공 시점이다.

17 ①

㉠ **과거**(科擧) : 우리나라와 중국에서 관리를 뽑을 때 실시하던 시험
㉡ **급제**(及第) : 과거에 합격하던 일

18 ④

④ 재원(才媛)은 재주가 뛰어난 젊은 여자를 말한다. 따라서 사위(남자)에게 쓸 수 없다.

19 ②

② 주체 높임
①③④ 객체 높임

20 ④

④ 오죽헌의 바른 표기는 Ojukheon이다.

국어

2014. 3. 22 | 사회복지직 시행

1 ①

① **월곶**[월곧] Weolgot(X) → Wolgot(O) : 모음 'ㅝ'는 'wo'로 표기해야 한다. 또한 음절의 끝소리 규칙에 의한 발음은 로마자 표기에 반영해야 하며, 어말 끝의 [ㄷ]은 't'로 표기하므로 '곶[곧]'의 표기를 'got'으로 한 것은 맞다.

② **벚꽃**[벋꼳] beotkkot : 자음 앞이나 어말에서 '[ㄷ]' 발음은 't'로 표기한다. 예사소리가 된소리로 바뀌어 발음 나는 것은 로마자 표기 시 따로 반영하지 않지만 초성의 표기가 원래 된소리 표기인 것은 된소리로 표기한다. 따라서 '꽃'의 'ㄲ'은 'kk'로 표기하는 것이 맞다.

③ **별내**[별래] Byeollae : 자음동화(유음화)는 로마자 표기에 반영하므로, '내'를 소리 나는 대로 '래'로 표기한 것이 맞다. 한글맞춤법에서는 'ㄹㄹ'를 'll'로 표기하므로, 'Byeollae'로 쓴 표기도 맞다.

④ **신창읍** Sinchang-eup : '도, 시, 군, 구, 읍, 면, 리, 동'의 행정구역 단위 앞에는 붙임표(-)를 넣어야 하므로 '-eup'은 맞는 표기이다.

2 ①

서리 맞은 구렁이 : 행동이 굼뜨고 힘이 없는 사람을 비유적으로 이르는 말. 또는 세력이 다하여 모든 희망이 좌절된 사람을 비유적으로 이르는 말

3 ④

문이 닫치며 → 문이 닫히며
- 닫히다 : '닫다'의 피동
- 닫치다 : '닫다'의 강세어. 문짝 따위를 꼭꼭 또는 세게 닫다. 또는 입을 굳게 다물다

4 ③

①②④ 동음이의어(同音異議語)

5 ②

식사를 마친 사람에게 화자가 "밥 좀 먹읍시다."라고 하는 것은 비록 화자가 청유형어미를 썼더라도 청자들은 식사를 마쳤기 때문에 화자만 행하기를 바라는 의미로 쓰인 것이 맞다.

① 청자만 행하기를 바랄 때
③ 화자와 청자 모두 공동으로 행하기를 바랄 때
④ 화자와 청자가 공동으로 행하기를 바랄 때

6 ④

㉠에서 '신문'은 '표현의 자유'를 상징하는 것으로 '표현 자유의 필요성'을 역설한 것이다.
㉡에서 '시민의 시계(視界)가 지극히 한정되기 때문에'라는 부분을 통해 표현의 자유가 필요하다는 관점을 알 수 있다.

7 ③

③ **선짓국**[선지꾹/선짇꾹] : 선지(순우리말) + 국(순우리말) 따라서 ㉠의 예에 해당한다.
① **모깃불**[모: 기뿔/모: 긷뿔] : 모기(순우리말) + 불(순우리말)
② **뒷머리**[뒨: 머리] : 뒤(순우리말) + 머리(순우리말)
④ **예삿일**[예: 산닐] : 예사(例事 - 한자어) + 일(순우리말)

8 ②

- 아아, 옛적에 거울을 보는 사람은 그 ㉠ 맑은 것을 취하기 위함이었지만, : 4번째 문장에서 "군자가 이것(거울)을 보고 그 맑은 것을 취한다."라고 했으므로 ㉠에 들어갈 말은 '맑은 것'이 적절하다.
- 내가 거울을 보는 것은 그 ㉡ 흐린 것을 취하기 위함이니, : 5번째 문장에서 "지금 그대의 거울은 흐릿하고"라고 했으므로 ㉡에 들어갈 말은 '흐린 것'이 적절하다.

9 ③

<보기 2>의 다섯 번째 줄 중간에 보면 "기존의 재래시장은 장년층과 노년층이 주 고객이었다."라는 말이 나오므로, '장년층 고객 유도 방안'은 재래시장 활성화 방안으로 적절치 않다. 또한 다섯 번째 줄 뒷부분에 "재래시장의 가치를 높이기 위해서는 젊은이들이 찾는 시장이어야 하며"라는 말이 나오는 것으로 보아 '청년층 고객 유도 방안'으로 고쳐야 한다.

10 ②

② 굳이[구지] : '탈락'이 일어난 예가 아니라 '동화'의 한 종류인 '경구개음화'가 일어난 예이다. 여기서 동화(同化)란, 자음끼리 만나 동화가 일어나는 비음화와 유음화가 있고, 모음의 영향을 받아 자음이 바뀌는 경구개음화, 자음의 영향을 받아 모음이 바뀌는 원순모음화, 전설모음화, 그리고 모음끼리 동화가 일어나는 모음동화 등이 있다.

① 교체(交替) : 어떤 음운이 음절의 끝에서 다른 음운으로 바뀌는 현상

③ 첨가(添加) : 형태소가 합성될 때 그 사이에 음운이 덧붙는 현상

④ 축약(縮約) : 두 음운이 하나의 음운으로 줄어드는 현상

11 ④

용언의 연결형 : 용언의 어간에 연결어미가 있는 형태로 즉 어간과 어미가 결합해야 한다. 그러나 '날뛰다'는 '날-뛰다'의 결합이되, '날다'의 어간 '날-'과 '뛰다'의 어간 '뛰-'사이에 어미가 생략된 형태이므로 ④의 예제로 적절치 않다.

① 할미(명사) – 꽃(명사) : 통사적 합성어

② 큰(용언의 관형사형) – 형(명사) : 통사적 합성어

③ 빛이(명사 + 주격조사 : 주어) – 나다(동사 : 서술어) → 빛나다 : 통사적 합성어

12 ③

③도 국어의 특질이기는 하지만 이글에는 없는 내용이므로 이글을 뒷받침하는 사례로 적절하지 않다.

① "소리의 위치나 특성으로 운용할 수 있도록 설계된 문자 체계는 가독성에 있어 어느 문자보다 우수하다고 평가할 수 있다. 음소가 말소리의 기본 단위이며 음절은 언어 인식의 기본 단위가 된다는 점을 훈민정음은 글자의 제작과 운용에서 모두 충족시키고 있기 때문이다."라는 내용의 뒷받침 사례로 적절하다.

④ "각 글자의 기본적인 제자 원리는 상형(象形)의 원리이다. 초성은 발음 기관을 본떠 만들었다."라는 부분과 "말소리가 만들어지는 방식을 정확하게 글자의 모양으로 구현했다."라는 내용의 뒷받침 사례로 적절하다.

13 ①

3연의 1 · 2행 '쓰러진 아카시아를 제 몸으로 받아 낸', 4연의 2행 '두 나무가 기대어', 5연의 1 · 2행 '아카시아의 죽음과 떡갈나무의 삶이 함께 피워 낸' 등의 시구를 통해 서로 기대고 희생하는 자연의 모습이 드러나고 있으므로 보기의 ① '홀로 존재하는 자연에 대한 찬미'라는 설명은 적절하지 않다.

14 ④

④의 '설마'는 한자어가 아닌 고유어이다.

① 하필(何必) : '다른 방도를 취하지 아니하고 어찌하여 꼭'의 의미를 가진 부사이다.

② 하여간(何如間) : '어찌하든지 간에'의 의미를 가진 부사이다.

③ 물론(勿論) : 1. '말할 것도 없음'의 의미를 가진 명사이다. 2. '말할 것도 없이'의 의미를 가진 부사이다.

15 ④

㉠ 주체높임선어말어미 '-시-'는 문장의 주체인 '할아버지'를 높이기 위한 것이다.

㉡ 문장의 객체높임 동사인 '모시다'는 객체인 '선생님'을 높이기 위해 쓰인 것이다.

㉢ 문장의 명사절 '아버지가 고모에게 전화하는 것'에 '-시-'가 없는 것으로 보아, 화자가 압존법을 쓰고 있다는 것을 알 수 있다. 즉 화자는 명사절의 주체인 '아버지'는 높이지 않고 있다. 또한 서술어 행위를 하는 주체와 화자가 동일하기 때문에 서술어 '듣다'에 '-시-'를 붙여 높이지 않았다. 끝으로 화자가 서술어에서 상대높임보조사 '요'를 쓴 이유는 청자인 할머니를 높이기 위해서이다. 따라서 ㉢ 문장의 밑줄 친 부분이 높이고 있는 인물은 할머니가 된다.

16 ③

철호가 지칭하는 '그 책'과 동일한 책은 영희가 지칭하는 '이 책'이다. 철호의 말에 나오는 '이 책'은 철호가 빌려 갔던 책으로 철호가 별로 재미없게 읽은 책이며, 지금 철호 가까이에 있는 책이다. 그리고 영희의 말에 나오는 '저 책'은 철호가 읽지 않은 책이다.

17 ③

밑에서 두 번째 줄에 있는 '귀와 눈만을 믿으면 보고 듣는 것이 더욱 밝아져서 더욱 병이 된다.'라는 부분에서 '외물에 현혹되지 말아야 함'을 알 수 있다. 인간이 지각할 수 있는 사물의 모양과 상태를 현상이라고 하는데, 눈과 귀 등은 이러한 현상을 인지하는 통로이다. 그런데 현상에 너무 얽매이다 보면 사물의 본질을 바르게 보지 못하게 되므로 작자는 물을 건너는 경험을 통해 현상보다는 사물의 본질을 잘 파악해야 함을 강조하고 있는 것이다.

18 ④

윗글의 두 번째 문단 둘째 줄에서 '영어는 국제 경쟁력을 키우는 차원에서 반드시 배워야 한다. 하지만 영어보다 더 중요한 것은 우리의 말과 글이다.'라는 부분과 세 번째 문단 둘째 줄에 있는 '하지만 우리의 말과 글을 바로 세우는 일에도 소홀해서는 절대 안 된다.'라고 한 부분을 통해서 ④의 내용이 필자의 주장임을 알 수 있다.

19 ①

㉠ 男負女戴(남부여대) : 남자는 지고 여자는 인다는 뜻으로, 가난한 사람들이 살 곳을 찾아 이리저리 떠돌아다님을 비유적으로 이르는 말

㉡ 目不忍見(목불인견) : 눈앞에 벌어진 상황 따위를 눈 뜨고는 차마 볼 수 없음

㉢ 苛斂誅求(가렴주구) : 세금을 가혹하게 거둬들이고, 무리하게 재물을 빼앗음

20 ②

지문의 열 네번째 줄 끝에 있는 '그건 손이 익고 마음에 통해서 저만 알고 그렇게 할 뿐이지 말로 형용해 남에게 그대로 시킬 수는 없습니다.'라는 말과 바로 뒤에 있는 '옛적 어른들께서도 정말 전해 주고 싶은 것은 모두 이러해서 품은 채 죽은 줄 아옵니다.'라는 말은 모두 자신의 생각이나 느낌을 자신은 알 수 있으나 그것을 언어로 다른 사람에게 표현하는 데는 한계가 있다는 것을 표현한 것으로 보기에서 고르면 ②번이 정답이라고 할 수 있다.

2014. 4. 19 | 안전행정부 시행

1 ②

② 상하의 구별이 없는 경우에는 '웃-'으로 표기한다. 따라서 '웃돈'이 표준어이다.

① 상하의 구분이 있는 경우에는 '윗-'으로 표기한다.

③ 뒷말의 첫소리가 된소리나 거센소리일 경우 '위-'로 표기한다.

④ 겉옷을 뜻하는 표준어이며 상의(上衣)를 뜻할 때에는 '윗옷'이 맞는 표기이다.

2 ④

④ 설레이는 : '설레이다'는 기본형 '설레다'의 잘못된 표현으로 '설레이는' 역시 '설레는'이 옳은 표현이다.

3 ②

② 한글맞춤법 제5장 제2절 제42항에 보면 '의존명사는 띄어 쓴다'라고 규정되어 있다. 여기서 쓰인 '간(間)'은 대상 사이의 거리나 관계를 나타내는 의존명사로 쓰였으므로 띄어 써야 한다.

4 ①

① 왕십리[왕심니]-Wangsimni : 지명은 고유명사로 발음이 나는 대로 비음화를 적용시켜 적는다.

② 'ㄹㄹ'은 'll'로 적는다.

③④ 로마자 표기법은 기본적으로 국어의 표준 발음법에 따라 적는 것이 원칙이므로 발음이 나는 대로 적는다.

5 ②

'계시다'는 주체 높임법에서 주체를 직접적으로 높일 때 사용하고 '있으시다'는 주체를 간접적으로 높일 때 사용한다. 위 대화에서는 '면담'을 통해 주체인 선생님을 높이는 것으로 간접 높임인 '면담이 있으시다'로 사용해야 한다.

② 햄버거를 통해 주체인 손님을 간접적으로 높이는 것이기 때문에 주체높임 선어말어미 '-시-'를 사용할 필요가 없다.

① 의미가 중복된 표현으로 '전(前)'과 '앞' 중 하나만 사용해야 한다.

③ 회사 내에서의 언어예절을 나타낸 것으로 회사 내에서는 굳이 압존법을 사용할 필요가 없다. 즉, 청자가 지칭 대상보다 비록 상급자라 할지라도 지칭대상이 화자보다 상급자이면 높임법을 사용할 수 있다.

④ '볼일'을 통해 선생님을 간접적으로 높였으므로 '볼일이 있으시다.'는 맞는 표현이다. 하지만 이 문제에서는 유사한 오류를 고르는 문제이므로 정답으로 인정되지 않는다.

6 ①

① **논공행상**(論功行賞) : 공로를 논하여 그에 맞는 상을 준다는 의미로 보기의 문장과는 어울리지 않는다.

② **초근목피**(草根木皮) : 풀뿌리와 나무껍질이라는 뜻으로 곡식이 없어 산나물 따위로 만든 험한 음식을 이르거나 영양가가 적은 음식을 이르는 말로 쓰인다.

③ **반포지효**(反哺之孝) : 까마귀가 다 자란 뒤에 자신의 늙은 부모에게 먹이를 물어다 주는 효성을 나타낸 말로 자식이 자라 부모를 봉양함을 의미한 말이다.

④ **각고면려**(刻苦勉勵) : 몸과 마음을 괴롭히고 노력함, 매우 고생하여 힘써 정성을 들임을 의미하는 말이다.

7 ①

① '가외로 더한', '덧붙은'의 의미를 가짐

②③④ '쓸데없는'의 의미를 가짐

8 ①

① '수 관형사'는 관형사의 일종으로 단위성 의존 명사 앞에서 조사가 붙지 않고 띄어 쓰며 '수사'는 체언의 일종으로 뒤에 조사가 붙는다.

② 싶다(보조형용사)

③ 요(보조사)

④ 및(부사)

9 ③

제시문은 학생들이 잊지 말아야 할 유의사항들을 구체적 '예시'를 들어 설명하고 있으므로 답지도 이와 같이 '예시'로 이루어진 문장을 찾으면 된다.

① 정의 ② 비유 ③ 예시 ④ 비교

10 ④

④ 'Ⅱ-2'는 청소년 디지털 중독에 영향을 미치는 요인에 대한 내용이고 'Ⅱ-3'은 청소년 디지털 중독을 해결하기 위한 방안에 대한 내용이다. 특히 ㉣은 학교, 지역 사회 차원에서 신체 활동을 위한 시간 및 프로그램의 확대에 대한 내용을 담고 있기 때문에 신체 활동과 관련된 내용이 들어가야 한다.

11 ③

'㉢'은 위 글의 중심문장으로 맨 앞에 와야 하고 '㉢'의 뒤를 이어 과학과 종교에 대해 이야기 하고 있는 '㉠'과 '㉣'이 와야 한다. 하지만 '㉣'이 '반면 ~'으로 시작함으로 '㉣' 앞에 '㉠'이 옴을 알 수 있다. 그리고 '㉤'은 앞에 나온 과학과 종교에 대한 내용을 한 문장으로 요약하였기 때문에 '㉣' 뒤에 와야 한다. 끝으로 '㉡'은 다시 앞에 나온 '㉤'의 내용의 반론이자 저자의 중심 생각을 강조한 내용이므로 마지막 부분에 온다. 따라서 ③이 옳은 정답이다.

12 ④

위 글에서는 인공조형물에 대한 설명이 없으므로 보기 ④가 적절하지 않은 것이다.

13 ②

② ㉡ 굿득 노훈 고래 : 성난 파도

① ㉠ 天텬根근 : 하늘의 끝

③ ㉢ 銀은山산 : 흰 물결(파도)

④ ㉣ 白백雪셜 : 포말(파도)

14 ①

① 본용언(들다)+본용언(가다)

② 본용언(나가다)+보조용언(버리다)

③ 본용언(자다)+보조용언(나다)

④ 본용언(먹다)+보조용언(보다)

※ 본용언과 보조용언

㉠ **본용언** : 주어의 행동을 서술하는 서술기능을 가지며 독립적으로 사용가능한 용언.

㉡ **보조용언** : 주어의 행동을 서술하는 서술기능이 없으며 독립적으로 사용할 수 없는 용언으로 단지 본용언의 의미를 더해주는 기능만 한다.

15 ④

위 글에 '원을 이용하지 못하는 민간인 여행자들은'이라고 나온 것으로 보아 보기 ④의 '민간인 여행자들도 자유롭게 '원(院)'에서 숙식을 해결했을 것이다.'라는 내용은 적절하지 않다.

16 ②

단지 '도덕경'의 내용을 인용할 뿐 실제 역사적 사례를 들어 상대의 미묘한 심리를 언급하지는 않았다.

17 ③

길섶 … 길의 가장자리로 흔히 풀이 나 있는 곳을 가리키는 말이다.

18 ③

③ 사물을 의인화하여 표현하고 있지는 않다.

① 1연에서는 모닥불에 타는 여러 사물들을 열거하였고 2연에서는 모닥불을 쬐는 여러 인물 및 동물들을 열거하였다.

② 1연과 2연 모두에서 조사 '도' 반복하여 나타나고 있다.

④ 1연의 '갓신창', '개니빠디', '너울쪽', '짚검불', '개 터럭', 2연의 '재당', '초시', '갓사돈', 3연의 '몽둥발이' 등과 같은 토속적 시어를 통해 향토색을 드러내고 있다.

19 ④

위 글은 전문가의 견해를 인용하고 물음을 통해 청중의 주의를 환기시키고 있으며 구체적인 사례를 들어 설명하고 있지만 매체의 특성을 고려하여 발표 내용을 조절하고 있지는 않다.

20 ②

② 전체적으로 등장인물들의 외모와 대화를 통해 등장인물의 성격을 드러내고 있다.

2014. 6. 21 | 제1회 지방직 시행

1 ④

④ **절차탁마**(切 끊을 절, 磋 갈 차, 琢 다듬을 탁, 磨 갈 마) : 옥이나 돌 따위를 갈고 닦아서 빛을 낸다는 뜻으로, 부지런히 학문과 덕행을 닦음을 이르는 말

① **마이동풍**(馬 말 마, 耳 귀 이, 東 동녘 동, 風 바람 풍) : 동풍이 말의 귀를 스쳐 간다는 뜻으로, 남의 말을 귀담아듣지 아니하고 지나쳐 흘려버림을 이르는 말

② **주마간산**(走 달릴 주, 馬 말 마, 看 볼 간, 山 뫼 산) : 말을 타고 달리며 산천을 구경한다는 뜻으로, 자세히 살피지 아니하고 대충대충 보고 지나감을 이르는 말

③ **천고마비**(天 하늘 천, 高 높을 고, 馬 말 마, 肥 살찔 비) : 하늘이 높고 말이 살찐다는 뜻으로, 하늘이 맑아 높푸르게 보이고 온갖 곡식이 익는 가을철을 이르는 말

2 ①

② 쥬스 → 주스
③ 로케트 → 로켓
④ 싸인 → 사인

3 ④

제시문의 '베어'는 '느낌, 생각 따위가 깊이 느껴지거나 오래 남아 있다'의 의미로 사용되었다. 이와 같은 의미로 사용된 것은 ④이다.

① 버릇이 되어 익숙해지다.
② 생각이나 안목이 매우 좁다.
③ 냄새가 스며들어 오래도록 남아 있다.

4 ②

- 십 년 만에 그 친구를 <u>만남</u>으로써 갈등이 다소 해결되었다.
  →'만남으로써'는 만나다 + 그럼으로써의 형태로, '만남'은 '만나 + ㅁ(명사형 어미)'의 형태이다. (동사)
- 가능한 <u>한</u> 깨끗하게 청소하여라.
  →'가능한'은 형용사 '가능하다'의 관형사형으로 뒤에 명사나 의존 명사가 온다는 특징이 있다. '한'은 주로 '-는 한'의 형태로 쓰여 조건의 뜻을 나타낸다. (의존명사)
- 그녀는 웃을 <u>뿐</u> 말이 없었다.
  →'뿐'은 어미 '-을' 뒤에 쓰여 다만 어떠하거나 어찌할 따름이라는 뜻을 나타낸다. (의존명사)
- 나를 <u>보기</u> 위해 왔니?
  →'보기 위해'는 보다 + 그러기 위해의 형태로, '보기'는 '보 + 기' 명사형 어미의 형태이다. (동사)

5 ④

화자는 첫 문단에서 예술의 어원과 예술의 포괄적 의미에 대해 언급한 후, 두 번째 문단에서 18세기에 와서야 예술이 '미적 가치 실현을 본래의 목적으로 하는 기술'의 한정적 의미로 사용되었음을 밝히고 있다. 따라서 이 글의 제목으로는 ④가 적절하다.

6 ①

① 남-/-기-/-어/지-/-ㄴ/ 적/도/ 물리-/-치-/-었-/-겠-/-네 → 현대 국어 기준 12개
남-/-기-/-어/지-/-ㄴ/ 적/도/ 무르-/-이-/-치-/-었-/-겠-/-네 → 어원 기준 13개
② 너/를/ 위/-하-/-여서/ 땀/을/ 흐르-/-이-/-었-/-어 → 11개
③ 훔치-/-어/ 가-/-았-/을/ 수/도/ 있-/-겠-/-군/요 → 11개
④ 달-/-ㄴ/팥/죽/이라도/ 가지-/-어/오-/-아야지 → 9개
※ 형태소 분석에 대한 기준은 학자마다 달라 논란의 여지가 있다.

7 ②

㈎ 시장에 나온 상품의 자립성 → ㈐ 주체가 된 상품 → ㈑ 시장 법칙에 지배를 받는 상품 → ㈏ 인간을 지배하게 된 상품

8 ②

연설문의 마지막 부분에서 '지구를 보호할 수 있는 방법 가운데 하나'라고 언급하고 있다. 즉, 이 글은 환경 문제를 해결하기 위한 방법을 사례를 들어 제시하고 있다고 보는 것이 적절하다.

9 ①

① 글의 마지막에 책 읽기는 결코 손쉬운 일이 아니며 읽기에는 상당량의 정신 에너지와 훈련이 요구된다고 언급하고 있으므로 별다른 훈련이나 노력 없이 마음만 먹으면 가능한 일이라고 보는 것은 이 글의 내용과 부합하지 않는다.

10 ③

화자는 문두에서 한 번에 두 가지 이상의 일을 하는 것은 마음에게 흩어지라고 지시하는 것이라고 언급한다. 또한 글의 중후반부에서 당신이 하는 모든 일은 당신의 온전한 주의를 받을 가치가 있는 것이어야 한다고 강조한다. 따라서 이 글의 중심 내용은 ③이 적절하다.

11 ③

③ 겉보기에는 먹음직스러운 빛깔을 띠고 있지만 실은 맛없는 개살구라는 뜻으로, 겉만 그럴듯하고 실속이 없는 경우를 비유적으로 이르는 말

① 내용이 좋으면 겉모양도 반반함을 비유적으로 이르는 말. 또는 겉모양새를 잘 꾸미는 것도 필요함을 비유적으로 이르는 말

② 불에 볶은 콩은 싹이 날 리가 없다는 뜻으로, 아주 가망이 없음을 비유적으로 이르는 말

④ 겉모양은 보잘것없으나 내용은 훨씬 훌륭함을 이르는 말

12 ④

① 두다 – 뒤뜰 – 뒤켠 – 따뜻하다

② 냠냠 – 넘기다 – 네모 – 늴리리

③ 앳되다 – 얇다 – 에누리 – 여름

※ 사전 등재 순서

㉠ 자음 : ㄱ ㄲ ㄴ ㄷ ㄸ ㄹ ㅁ ㅂ ㅃ ㅅ ㅆ ㅇ ㅈ ㅉ ㅊ ㅋ ㅌ ㅍ ㅎ

㉡ 모음 : ㅏ ㅐ ㅑ ㅒ ㅓ ㅔ ㅕ ㅖ ㅗ ㅘ ㅙ ㅚ ㅛ ㅜ ㅝ ㅞ ㅟ ㅠ ㅡ ㅢ ㅣ

13 ③

③ 부상(浮上)은 '물 위로 떠오르다'는 의미로 이 문장에서는 문맥상 '물 위나 물속, 또는 공기 중에 떠다님'의 뜻을 가지는 부유(浮遊)가 쓰이는 것이 적절하다.

14 ②

화자는 두 번째 문단 중간부분에서 '이러한 현실을 앞에 놓고서 민족 문화의 전통을 찾고 이를 계승하고자 한다면'이라고 언급하고 있다. 글의 흐름으로 볼 때 화자가 이 글을 통해 이야기하고자 하는 것은 민족 문화와 그 계승이라는 것을 추론해 볼 수 있다. 따라서 괄호 안에 들어갈 말로 가장 적절한 것은 ②이다.

15 ②

② 치(어간) + 어지(피동) + 어(연결어미) + 요(상대 높임 보조사)

① 뵜습니다 → 뵀습니다

③ 예뻐졌데요 → 예뻐졌대요

④ 쌍둥이에요 → 쌍둥이예요/쌍둥이여요

16 ①

① 나라가 멸망하여 옛 궁터에는 기장만이 무성한 것을 탄식한다는 뜻으로, 세상의 영고성쇠가 무상함을 탄식하며 이르는 말

② 시기에 늦어 기회를 놓쳤음을 안타까워하는 탄식

③ 갈림길이 매우 많아 잃어버린 양을 찾을 길이 없음을 탄식한다는 뜻으로, 학문의 길이 여러 갈래여서 한 갈래의 진리도 얻기 어려움을 이르는 말

④ 재능을 발휘할 때를 얻지 못하여 헛되이 세월만 보내는 것을 한탄함을 이르는 말

17 ④

④ '조심하다'는 동사이므로 명령형으로 쓰일 수 있다. 따라서 고칠 필요가 없다.

18 ④

① ㉠은 단락의 완결성을 해치지 않는다.

② ㉡에 제시된 두 예는 관용구에 해당하는 적절한 예로 다른 예로 바꿀 필요가 없다.

③ ㉢은 앞 문장과의 연결이 자연스럽다.

19 ②

② 불볕[불볃(음절의 끝소리 규칙)] + 더위 = [불볃떠위(된소리되기)]

- 음절의 끝소리 규칙 : 음절의 끝에 받침으로는 'ㄱ, ㄴ, ㄷ, ㄹ, ㅁ, ㅂ, ㅇ'의 일곱 가지만 올 수 있다는 규칙
- 된소리되기 : 두 개의 안울림소리가 서로 만나면 뒤의 소리가 된소리로 발음되는 현상

20 ③

③ **구축**(構築) : 어떤 시설물을 쌓아 올려 만듦. 또는 체제, 체계 따위의 기초를 닦아 세움
타협적(妥協的) : 어떤 일을 서로 양보하는 마음으로 협의해서 하거나 협의하려는 태도를 보이는. 또는 그런 것
필요(必要) : 반드시 요구되는 바가 있음

① **강조**(强調) : 어떤 부분을 특별히 강하게 주장하거나 두드러지게 함
위압적(威壓的) : 위엄이나 위력 따위로 압박하거나 정신적으로 억누르는. 또는 그런 것
전망(展望) : 앞날을 헤아려 내다봄. 또는 내다보이는 장래의 상황

② **향유**(享有) : 누리어 가짐
정략적(政略的) : 정치상의 책략을 목적으로 하는. 또는 그런 것
능력(能力) : 일을 감당해 낼 수 있는 힘

④ **행사**(行使) : 어떤 일을 시행함. 또는 그 일
당파적(黨派的) : 한 덩어리가 되지 않고 파(派)로 갈리는. 또는 그런 것
권고(勸告) : 어떤 일을 하도록 권함. 또는 그런 말

2014. 6. 28 | 서울특별시 시행

1 ②

① 60세 ② 70세 ③ 50세 ④ 40세 ⑤ 30세

※ 「논어(論語)」, 위정(爲政)편에 나오는 나이에 대한 구절 子曰(자왈), 吾十有五而志于學(오십유오이지우학)하고 三十而立(삼십이립)하고 四十而不惑(사십이불혹)하고 五十而知天命(오십이지천명)하고 六十而耳順(육십이이순)하고 七十而從心所欲不踰矩(칠십이종심소욕불유구)니라.

현대어 풀이: 공자가 말하기를, 나는 열다섯이 되어 배움에 뜻을 두었고 서른이 되어 확고히 섰으며 마흔이 되어서는 미혹됨이 없었고 오십이 되어서는 천명을 알게 되었고 예순이 되어서는 들음을 순히 하게 되었고 일흔이 되어서는 마음 내키는 대로 행하더라도 법도를 넘는 일이 없었다.

2 ③

③ '모름지기'는 '사리를 따져 보건대 마땅히. 또는 반드시'의 의미를 갖는 부사로 '~해야 한다' 등과 호응하는 것이 자연스럽다. 따라서 '모름지기 교통법규를 지켜야 한다.' 등으로 고쳐야 한다.

3 ④

④ 중세 국어에서 '어여쁘다'는 '불쌍하다'라는 뜻을 가졌으나, 근대 국어에서는 '불쌍하다, 가엽다', '예쁘다, 사랑스럽다'의 두 가지 뜻으로 모두 쓰이다가 현대 국어에서 '아름답다'의 의미로만 쓰이고 있다.

4 ⑤

⑤ '아름답게'의 기본형은 '아름답다'로 형용사이다.

① '두루'는 '빠짐없이 골고루'의 의미를 갖는 부사이다.

② '가장'은 '여럿 가운데 어느 것보다 정도가 높거나 세게'의 의미를 갖는 부사이다.

③ '풍성히'는 '넉넉하고 많이'의 의미를 갖는 부사이다.

④ '아낌없이'는 '주거나 쓰는 데 아까워하는 마음이 없이'의 의미를 갖는 부사이다.

5 ③

③ 종속적으로 이어진문장

① 관형절을 안은문장

②④ 명사절을 안은문장

⑤ 인용절을 안은문장

6 ①

① 외래어 표기법 제1장(표기의 원칙) 제4항 '파열음 표기에는 된소리를 쓰지 않는 것이 원칙이다.'에 따라 '꽁트/떠블/께임/삐에로'가 아닌 '콩트/더블/게임/피에로'로 적는다.

② 외래어 표기법 제1장 제3항 받침에는 'ㄱ, ㄴ, ㄹ, ㅁ, ㅂ, ㅅ, ㅇ' 만을 쓴다.

③ 외래어 표기법 제1장 제2항 외래어의 1 음운은 원칙적으로 1 기호로 적는다.

④ 외래어 표기법 제1장 제5항 이미 굳어진 외래어는 관용을 존중하되, 그 범위와 용례는 따로 정한다.

⑤ 외래어 표기법 제1장 제1항 외래어는 국어의 현용 24 자모만으로 적는다.

7 ⑤

⑤ 어휘적 중의성 ①②③④ 구조적 중의성

⑤ '배'가 과일(梨), 탈 것(船), 신체의 일부(腹) 등의 다양한 의미로 해석할 수 있다.

① 만난 대상이 친구인지, 친구의 동생인지 모호하다.

② 가정에 충실한 것이 주부만인지, 주부와 남편 모두인지 모호하다.

③ 내가 국어 선생님과 함께 교장 선생님을 찾아뵌 것인지, 내가 국어 선생님과 교장 선생님 둘을 찾아뵌 것인지 모호하다.

④ 아내가 남편이 아닌 아들을 더 좋아한다는 것인지, 아내가 아들을 좋아하는 크기가 남편이 아들을 좋아하는 것보다 크다는 것인지 모호하다.

8 ②

제시문은 사람이 아닌 것을 사람처럼 표현하는 '의인법'이 사용되었다.

① 대유법
③ 점층법, 대조법
④ 도치법, 대유법
⑤ 은유법

9 ⑤

이 글은 첫 문장에서 인간은 자기 뇌의 10%도 쓰지 못하고 죽는다고 언급하며 심지어 10%도 안 되는 활용을 한다는 주장들을 예로 들며 내용을 전개하고 있다. 따라서 뒤에 이어질 내용은 인간의 두뇌 활용에 관련된 내용이 오는 것이 적합하다.

⑤ 개성적인 인간으로 성장하기 위한 조기 교육은 이 글 뒤에 이어질 내용으로 부적합하다.

10 ④

① 입학율 → 입학률('렬/률'은 모음 또는 ㄴ 뒤에만 '열/율'로 적는다.)
② 어린이란 → 어린이난(란(欄)/량(量)/룡(龍)/릉(陵) 등은 한자어가 아닌 고유어나 외래어와 결합할 경우 난/양/용/능으로 적는다.)
③ 채하였다 → 체하였다(앞말이 뜻하는 행동이나 상태를 거짓으로 그럴듯하게 꾸밈을 나타내는 보조동사)
⑤ 껍질채 → 껍질째(그대로, 또는 전부의 뜻을 더하는 접미사)

11 ⑤

⑤의 원칙에 해당하는 사례로는 '가외(한자어) + 일(고유어) = 가욋일[가윈닐/가웬닐]', '사사(한자어) + 일(고유어) = 사삿일[사산닐]' 등이 있다.

① 바다(고유어) + 가(고유어) = 바닷가[바다까/바닫까]
② 이(고유어) + 몸(고유어) = 잇몸[인몸]
③ 뒤(고유어) + 일(고유어) = 뒷일[뒨: 닐]
④ 전세(한자어) + 집(고유어) = 전셋집[전세찝/전섿찝]

12 ③④

③ 의존명사 '지', '만'은 모두 띄어 쓰는 것이 옳다.
④ 10 미터/ 10미터 모두 가능하다.
※ 한글맞춤법 제5장 제43항 단위를 나타내는 명사는 띄어 쓴다. 다만, 순서를 나타내는 경우나 숫자와 어울리어 쓰이는 경우에는 붙여 쓸 수 있다.

① 옷∨한∨벌∨살∨돈이∨없다.
② 큰∨것은∨큰∨것대로∨따로∨모아∨둬라.('대로'는 체언과 함께 쓰이면 의존명사가 아닌 조사이므로 앞말에 붙여 쓴다.)
⑤ 합격했다는∨말에∨뛸∨듯이∨기뻐하였다.

13 ②

② **윤똑똑이** : 자기만 혼자 잘나고 영악한 체하는 사람을 낮잡아 이르는 말

14 ④

④ '덩쿨'은 비표준어이다. '넝쿨' 또는 '덩굴'로 써야 한다.

15 ②

② 不正 – 不淨 – 不定 – 否定

- 不正(不 아닐 부, 正 바를 정) : 올바르지 아니하거나 옳지 못함
- 不淨(不 아닐 부, 淨 깨끗할 정) : 깨끗하지 못함. 또는 더러운 것
- 不定(不 아닐 부, 定 정할 정) : 일정하지 아니함
- 否定(否 아닐 부, 定 정할 정) : 그렇지 아니하다고 단정하거나 옳지 아니하다고 반대함

16 ①

① **桑麻之交**(상마지교) : 뽕나무와 삼나무를 벗 삼아 지낸다는 뜻으로, 전원에 은거하여 시골 사람들과 사귀며 지냄을 비유적으로 이르는 말.
② **刎頸之交**(문경지교) : 서로를 위해서라면 목이 잘린다 해도 후회하지 않을 정도의 사이라는 뜻으로, 생사를 같이할 수 있는 아주 가까운 사이, 또는 그런 친구를 이르는 말
③ **膠漆之交**(교칠지교) : 아주 친밀하여 서로 떨어질 수 없는 교분을 이르는 말
④ **金蘭之交**(금란지교) : 친구 사이의 매우 두터운 정을 이르는 말
⑤ **水魚之交**(수어지교) : 물이 없으면 살 수 없는 물고기와 물의 관계라는 뜻으로, 아주 친밀하여 떨어질 수 없는 사이를 비유적으로 이르는 말

17 ④

④ 창작군담소설의 공간적 배경은 중국인 경우가 대부분이다.

18 ①

동반자 작가…프롤레타리아문학에 동조한 작가들의 총칭. 정식 카프(KAPF, 조선프롤레타리아 예술가동맹)의 회원은 아니었으나 사상적으로 그 방향을 같이하며, 또 자연생성적인 작품을 써서 카프의 뒤를 따르려고 하는 작가들을 동반자작가라고 하였다. 실제로 카프에서는 동반자작가로 이효석과 유진오 정도를 꼽는다.

19 ①

이 시는 머언 산 청운사 낡은 기와집→자하산→느릅나무→열두 굽이 길→청노루의 순으로 시적 화자의 시선의 이동(원경→근경)에 따라 전개되고 있다.

※ **박목월, '청노루'**

㉠ **성격** : 낭만적, 서경적, 전통적, 관조적, 향토적
㉡ **표현** : 'ㄴ'음(비음)을 반복 사용함으로써 아늑하고 은은한 분위기 형성
㉢ **시상 전개** : 시선의 이동(원경→근경)
㉣ **심상** : 정중동(靜中動)의 심상
㉤ **제재** : 청노루
㉥ **주제** : 봄의 정경과 정취

20 ③

③ **편력(遍歷)** : 이곳저곳을 널리 돌아다님. 또는 여러 가지 경험을 함

① 가상(假像)→가상(假想)
- 가상(假像) : 실물처럼 보이는 거짓 형상
- 가상(假想) : 사실이 아니거나 사실 여부가 분명하지 않은 것을 사실이라고 가정하여 생각함

② 가시(可示)→가시(可視)
- 가시(可視) : 눈으로 볼 수 있는 것

④ 과장(誇長)→과장(誇張)
- 과장(誇張) : 사실보다 지나치게 불려서 나타냄

⑤ 통찰(通察)→통찰(洞察)
- 통찰(通察) : 책이나 글을 처음부터 끝까지 모두 훑어봄
- 통찰(通察) : 예리한 관찰력으로 사물을 꿰뚫어 봄

2015. 3. 14 | 사회복지직 시행

1 ②

② 읽다[일따] → 읽다[익따]

※ **표준발음법 제11항**

겹받침 'ㄺ, ㄻ, ㄿ'은 어말 또는 자음 앞에서 각각 [ㄱ, ㅁ, ㅂ]으로 발음한다.

2 ②

② 마늘쫑 → 마늘종

3 ①

② 당국에게 → 당국에

③ 복종하기도 → 현실에 복종하기도

④ 치사에 갈음합니다 → 치사를 갈음합니다.

4 ②

② 국립국어원의 표준언어 예절에서는 사부님을 여자 선생님의 남편의 호칭으로 한정하고 있다.

5 ①

① 기여하고져 → 기여하고자

6 ②

② 위 글에서는 기존의 주장을 반박하는 방식의 서술상의 특징을 찾아볼 수 없다.

7 ③

③ 필자의 주장은 사형 제도에 대해 부정적인 입장이지만 ㉠의 여론조사결과는 사형제도에 대한 긍정적인 입장을 담고 있기 때문에 근거자료로 적절치 않다.

8 ③

③ 꽃망울이 [꼰망울]로 발음되는 현상에서는 음절의 끝소리 규칙([꼰망울]의 '꼰'이 'ㄴ' 받침으로 발음됨)과 비음화(원래 꽃망울은 [꼳망울]로 발음이 되나 첫음절 '꼳'의 예사소리 'ㄷ'과 둘째 음절 '망'의 비음인 'ㅁ'이 만나 예사소리 'ㄷ'이 비음인 'ㄴ'으로 바뀌게 됨) 규칙이 모두 나타난다.

9 ④

④ 글의 마지막 부분에서 '책의 문화는 바로 읽는 일과 직결되며, 생각하는 사회를 만드는 지름길이다.'라는 문장을 통해 ④번이 잘못된 보기임을 알 수 있다.

10 ②

② **부화뇌동**(附和雷同) : 줏대 없이 남의 의견에 따라 움직임

① **노심초사**(勞心焦思) : 몹시 마음을 쓰며 애를 태움

③ **유유상종**(類類相從) : 같은 무리끼리 서로 사귐

④ **면종복배**(面從腹背) : 겉으로는 복종하는 체하면서 내심으로는 배반함

11 ③

③ 감상(感想) → 감상(鑑賞)

- 감상(鑑賞) : 주로 예술 작품을 이해하여 즐기고 평가함
- 감상(感想) : 마음속에서 일어나는 느낌이나 생각

12 ③

③ 재원 → 재자

- 재원(才媛) : 재주가 뛰어난 젊은 여자
- 재자(才子) : 재주가 뛰어난 젊은 남자

13 ④

㉠과 ㉡은 모두 '맞히다'로 고쳐야 한다.

14 ④

① '아내들은 남편들과 아이들 중에서 아이들을 더 사랑한다.'
'아내들과 남편들 모두 아이들을 사랑하지만 아내들이 아이들을 사랑하는 정도가 남편들이 아이들을 사랑하는 정도보다 더 크다.'

② '내가 사랑하는 것은 조국이다.'
'내가 사랑하는 것은 조국의 딸들이다.'

③ '그는 자기가 맡은 과제를 하나도 처리하지 못했다.'
'그는 자기가 맡은 과제를 일부 처리했지만 모두 처리하지는 못했다.'

15 ④

④ 화자는 현재 자신이 살동말동한 것을 님의 탓으로 돌림으로써 님을 직접적으로 원망하고 있다.

16 ④

④ '삼가하다'는 '삼가다'의 잘못된 표기이므로 '삼가주시기'가 옳은 표현이다.

17 ①

①은 '이상향'을 의미하는 시어이며 ②③④는 '깃발'을 의미한다.

18 ①

② 부인의 말을 통해 사건의 비현실성이 드러난다.

③ '비길쏘냐?', '않더냐.', '알겠느냐?' 등의 설의법을 통해 부인 내면의 심경을 토로하고 있다.

④ '옥지환'과 '돈 붉은 주머니 청홍당사 별매듭' 등을 통해 부인은 모녀관계에 대한 자기 확신을 나타내고 있다.

19 ②

② 염량세태(炎凉世態) : 세력이 있을 때는 아첨하여 따르고 세력이 없어지면 푸대접하는 세상인심을 비유적으로 이르는 말

① 시시비비(是是非非) : 옳고 그름을 따지며 다툼

③ 사면초가(四面楚歌) : 아무에게도 도움을 받지 못하는 외롭고 곤란한 지경에 빠진 형편을 이르는 말

④ 조삼모사(朝三暮四) : 간사한 꾀로 남을 속여 희롱함을 이르는 말

20 ③

③ '해방', '일인' 등의 단어를 통해 시대적 배경을 나타내고 있다.

2015. 4. 18 | 인사혁신처 시행

1 ③

③ '-던'은 과거에 직접 경험하여 새로이 알게 된 사실에 대한 물음을 나타내는 종결 어미이다.
① 간데요? → 간대요?
② 잘하대 → 잘하데
④ 크대요 → 크데요
※ '-대'와 '-데'
㉠ -대
• '-다고 해'가 줄어든 형태로 간접 경험을 강조할 때 사용한다.
• 어떤 사실을 주어진 것으로 치고 그 사실에 대한 의문을 나타내는 종결 어미로 놀라거나 못마땅하게 여기는 뜻이 섞여 있다.
㉡ -데 : 과거 어느 때에 직접 경험하여 알게 된 사실을 현재의 말하는 장면에 그대로 옮겨 와서 말함을 나타내는 종결 어미이다.

2 ③

① 그 사고는 여러 가지 규칙을 도외시하였기 때문이야.
② 사실상 여자 대 남자의 대리전으로밖에는 보이지 않아.
④ 금연을 한 만큼 네 건강이 어느 정도까지 회복될지 궁금해.

3 ②

② '어떤 조건, 범위에 제한되거나 국한되다'의 뜻을 가지는 '한하다'는 필수 부사어로 '-에'를 취한다. 따라서 '신청자에 한하여 교부한다'의 형태로 사용해야 한다.

4 ②

② **본말전도** : 중요한 것과 중요하지 않은 것이 구별되지 않거나 일의 순서가 잘못 바뀐 상태가 되다.
① **격물치지** : 「대학」에 나오는 말로, 실제 사물의 이치를 연구하여 지식을 완전하게 한다는 의미이다.
③ **유명무실** : 이름만 그럴듯하고 실속은 없음을 이른다.
④ **돈오점수** : 불교 용어로 돈오(頓悟), 즉 문득 깨달음에 이르는 경지에 이르기까지에는 반드시 점진적 수행단계가 필요하다는 말이다.

5 ③

그 덕분에, 그 대신, 그러나 등이 문두에 오는 ㉠, ㉡, ㉣은 처음에 오기 어렵다. 따라서 제일 처음에 나올 문장은 ㉢이다. 인간은 오랜 세월 태양의 움직임에 신체 조건을 맞추어 왔지만(㉢) 밤에도 빛을 이용해 보겠다는 욕구가 관솔불, 등잔불 등을 만들어 냈고, 이에 따라 밤에 이루어지는 인간의 활동이 증가했다(㉣). 그 덕분에 인류의 문명은 발달할 수 있었으나(㉠) 그 대신 사람들은 잠을 빼앗겼고, 생물들은 생체 리듬을 잃었다(㉡).

6 ③

③ 등산에서의 길잡이를 리더라고 하면, 길잡이가 방향을 잘못 가리킨 것은 잘못된 정책이 되고 혼자 가 버린 것은 리더십 부재로 볼 수 있다.

7 ①

① 사물놀이의 가치에 대해서는 언급하고 있지 않다.
② 두 번째 문단 두 번째 문장을 통해 알 수 있다.
③ 첫 번째 문단 첫 번째 문장을 통해 알 수 있다.
④ 두 번째 문단 마지막 문장을 통해 알 수 있다.

8 ③

③ 첫 번째 문단 세 번째 문장에 따르면 화자의 의도가 직접적으로 표현된 발화를 직접 발화, 암시적으로 혹은 간접적으로 표현된 발화를 간접 발화라고 한다. 따라서 직접 발화가 간접 발화보다 화자의 의도를 더 잘 전달한다.

9 ③

③ 전반부에서는 '노둔하고 여윈 말'과 '날래고 빠른 말'을 얻었을 때 상황의 대조를 통해 깨달음을 얻고 있다.

10 ④

제시문에 사용된 논리 전개 방식은 유추이다.
① 3단 논법(연역법)
② 대조
③ 귀납법

11 ①

① 처주마 → 쳐주마. '치다 + 주다'의 형태로 '쳐주다'로 표기한다.

12 ④

④ '젊어 보인다'는 서술어 2개가 모두 원래의 뜻으로 사용된 본용언 + 본용언의 결합이다.

13 ②

①, ③, ④는 밑줄 친 부분의 의미 관계가 반의 관계인 것에 비해 ②는 상하 관계이다.

14 ④

④ **연목구어** : 나무에 올라가서 물고기를 구한다는 뜻으로, 도저히 불가능한 일을 굳이 하려 함을 비유적으로 이르는 말

① **좌고우면** : 이쪽저쪽을 돌아본다는 뜻으로, 앞뒤를 재고 망설임을 이르는 말

② **암중모색** : 물건 따위를 어둠 속에서 더듬어 찾음. 어림으로 무엇을 알아내거나 찾아내려 함. 은밀한 가운데 일의 실마리나 해결책을 찾아내려 함 등의 의미로 쓰인다.

③ **침소봉대** : 작은 일을 크게 불리어 떠벌림

15 ②

② ㉠과 ㉡은 화자가 벼슬에 나가지 않고 자연 속에 은거하고 있음을 보여주는 시어이다. 따라서 화자와 중심 대상(해 = 임금)을 연결하는 매개체로 보기는 어렵다.

16 ①

① 고추(어근) + 장(어근), 놀이(어근) + 터(어근), 손(어근) + 짓(어근), 장군(어근) + 감(어근) → 합성어

② 면도(어근) + 칼(어근), 서리(어근) + 발(어근) → 합성어, 쉰(어근) + 둥이(접사), 장난(어근) + 기(접사) → 파생어

③ 깍둑(어근) + 이(접사), 선생(어근) + 님(접사), 홋(접사) + 바지(어근) → 파생어, 작은(어근) + 형(어근) → 합성어

④ 김치(어근) + 찌개(어근), 돌(어근) + 다리(어근) → 합성어, 시나브로 → 단일어, 암ㅎ(접사) + 닭(어근) → 파생어

17 ①

제시문의 소재는 '인문학'으로 인문학이 현대 사회를 살아가는 데에 실질적인 지침을 제공해야 한다고 주장하고 있다.

18 ④

인터넷의 역기능으로 허위 사실 유포가 지적되었지만, 모든 순기능을 배제한 채 이것을 근거로 인터넷 사용을 금지하는 것은 적절하지 않다.

19 ④

가족에 대한 그리움과 걱정으로 잠을 이루지 못하고 깨어난 화자의 상황을 표현한 것으로 절망적 심정을 투영한 대상이라고 보기는 어렵다.

20 ④

제시문에 나타난 그림과 액자의 관계는 내적인 것과 외적인 것의 관계이면서, 외적인 것이 내적인 것에 영향을 미치는 관계이다.

2015. 6. 13 | 서울특별시 시행

1 ④

① 덩쿨(×) → 넝쿨/덩굴(O)(복수표준어)
눈두덩/눈두덩이(O)(2014년에 복수표준어로 인정)
놀이감(×) → 놀잇감(O)(2014년에 장난감과 뜻이나 어감이 차이가 나는 별도의 표준어로 인정)
② 윗어른(×) → 웃어른(O)
딴죽/딴지(O)(2014년에 딴죽과 뜻이나 어감이 차이가 나는 별도의 표준어로 인정)
③ 지리하다(×) → 지루하다(O)

2 ②

② **낯섦** : 형용사 '낯설다'의 어간 '낯설-'에 명사형 전성어미 '-ㅁ'이 붙은 것으로 어미는 품사를 바꾸지는 않는다.
① **보기** : 동사 '보다'의 어간 '보-'에 접미사 '-기'가 붙어 명사가 되었다.
③ **낮추다** : 형용사 '낮다'의 어간 '낮-'에 접미사 '-추-'가 붙어 동사가 되었다.
④ **꽃답다** : 명사 '꽃'에 접미사 '-답다'가 붙어 형용사가 되었다.

3 ②

㈎ : '솥'이 [솓]으로 발음되는 것은 받침소리로 'ㄱ, ㄴ, ㄷ, ㄹ, ㅁ, ㅂ, ㅇ'의 7개로 발음된다는 음절의 끝소리 규칙에 의한 것이다. 그러므로 ㉠ 대치에 해당한다.
㈏ : [솓하고]가 [소타고]로 발음되는 것은 'ㄷ'이 'ㅎ'을 만나 'ㅌ'으로 축약된 것으로 자음축약에 의한 것이다. 그러므로 ㉣ 축약에 해당한다.

4 ①

① '-ㄹ망정'은 어미이므로 앞 말에 붙여 쓰는 것이 맞다.
② 있을 지라도(×) → 있을지라도(O) : '-ㄹ지라도'는 어미이므로 앞말에 붙여 써야 한다.
③ 예쁜대신(×) → 예쁜 대신(O) : '대신'은 의존명사이므로 띄어 쓰는 것이 옳다.
④ 들을 지(×) → 들을지(O) : '-ㄹ지'는 추측에 대한 막연한 의문이 있는 어미이므로 붙여 쓰는 것이 옳다.

5 ②

국어의 형태적 특징은 단어와 관련된 특성을 말한다. 동사와 형용사는 어미에 의해 활용되는 첨가어로서의 특징을 갖는다.
①③④ 국어의 통사적 특징에 해당한다.

6 ④

① 팜플렛(×) → 팸플릿(O)
② 리더쉽(X) → 리더십(O), 소세지(×) → 소시지(O)
③ 쇼파(×) → 소파(O), 씽크대(×) → 싱크대(O), 바디로션(×) → 보디로션(O), 수퍼마켓(×) → 슈퍼마켓(O), 스카웃(×) → 스카우트(O)

7 ③

① **열둘째 → 열두째** : '열둘째'는 맨 앞에서부터 세어 모두 열두 개째가 됨을 이르는 말이고 '열두째'는 순서가 열두 번째가 되는 차례를 이르는 말이다.
② **떨어먹는 → 털어먹는** : 재산이나 돈을 함부로 써서 몽땅 없앤다는 의미를 가지는 말은 '털어먹다'이다.
④ **숫병아리 → 수평아리** : 접두사 '수-' 다음에 거센소리를 인정하는 형태로 '수평아리'가 표준어이다.

8 ①

① **喪失**(잃을 상, 잃을 실) : 어떤 것이 아주 없어지거나 사라짐
② **成長**(이룰 성, 길 장) : 사람이나 동식물 따위가 자라서 점점 자람
盛裝(성할 성, 꾸밀 장) : 잘 차려입음. 또 그런 차림
③ **異常**(다를 이, 항상 상) : 정상적인 상태와 다름
異狀(다를 이, 형상 상) : 평소와는 다른 상태
④ **解凍**(풀 해, 얼 동) : 얼었던 것이 녹아서 풀림
解冬(풀 해, 겨울 동) : 〈불교〉 동안거의 끝. 선원에서는 정월 보름날에 끝

9 ②

〈보기〉는 길거리 풍경을 그림을 그리듯이 표현하는 묘사의 서술방식을 사용하고 있다. ②도 잎과 줄기에 대해 묘사의 방식을 쓰고 있다.

① 서사의 방식이다.
③ 유추의 방식이다.
④ 인과의 방식이다.

10 ③

미괄식 구성은 글쓴이가 주장하는 중심 내용이 해당 문단의 끝에 오는 구성 방식이다. 이 글의 중심내용은 '과학 기술에 대한 지나친 낙관적 전망은 위험하다'이므로 ㉣은 맨 뒤에 온다.

㉡ 현대인들은 인류의 미래를 낙관적으로 전망하기도 함→㉤ 낙관적인 미래 전망이 얼마나 가벼운 것인지 깨닫게 해주는 심각한 현상을 찾을 수 있음→㉠ 환경오염, 자원고갈, 생태계 파괴→㉢ 전쟁의 발발 가능성, 핵전쟁→㉣ 과학 기술에 대한 지나친 낙관적 전망이 위험함

11 ①

이 글은 인간이 자유로부터의 도피를 감행하게 된다는 결과를 마지막에 놓고 그 앞에서는 인간이 자유로부터 도피를 감행하게 되는 원인을 밝히고 있다. 따라서 원인과 결과의 논리적 구조를 취하고 있다.

12 ④

④ **이청준의 「당신들의 천국」**: 소록도를 배경으로 일제시대부터 1960년대까지의 한센병 환자들의 지도자와 그 원생들 간의 갈등을 그린 소설이다.
① **박태원의 「천변 풍경」**: 1930년대 청계천변을 중심으로 한 서민들의 일상사를 그린 세태소설이다.
② **염상섭의 「두 파산」**: 해방 직후 서울을 배경으로 정례 모친의 경제적 파산과 옥임의 정신 파산을 통해 혼란한 사회상을 풍자한 소설이다.
③ **박완서의 「엄마의 말뚝」**: 시골에서 남편을 잃은 후 어린 남매만 데리고 서울로 상경한 어머니가 집 한 채를 마련하기까지의 과정을 그린 소설이다.

13 ④

㉠~㉢는 시적 대상과의 '단절'을 나타내고 있지만 ㉣에서는 이승과 저승을 넘나드는 인연을 나타내고 있다. 결국 삶과 죽음은 단절이 아니라 하나라는 새로운 인식전환을 통해 생사를 초월하는 인연의 깨달음을 보여준다.

14 ③

제시문의 시조는 이개의 시조로 단종과 이별하는 슬픔을 나타내고 있다. 이와 같은 정서를 가지고 있는 보기는 ③이다. ③은 계량의 이별가이다.

① 이조년의 시조로 봄밤의 정서를 시각적 · 청각적 이미지의 대비를 통해 형상화하고 있다.
② 우탁의 시조로 늙음에 대한 한탄을 나타내고 있다.
④ 송강 정철의 훈민가로 사람이 지켜야 할 기본적인 예절을 알려주고 있다.

15 ③

제시문은 훈민정음 글자 운용법으로 나란히 쓰기인 병서에 대한 설명이다. 병서는 'ㄲ, ㄸ, ㅃ, ㅆ'과 같이 서로 같은 자음을 나란히 쓰는 각자병서와 'ㅺ, ㅳ, ㅵ'과 같이 서로 다른 자음을 나란히 쓰는 합용병서가 있다.

① **象形**(상형) : 훈민정음 제자원리의 하나로 발음기관을 상형하여 기본자를 만들었다.
② **加畫**(가획) : 훈민정음 제자원리의 하나로 상형된 기본자를 중심으로 획을 더하여 가획자를 만들었다.
④ **連書**(연서) : 훈민정음 글자 운용법의 하나로 이어쓰기의 방법이다.

16 ④

㉠의 '타다'는 '탈 것이나 짐승의 등 따위에 몸을 얹다'는 뜻으로 유사한 의미는 '어떤 조건이나 시간, 기회 등을 이용하다'의 의미로 ④이다.

① 복이나 재주, 운명 따위를 선천적으로 지니다.
② 악기의 줄을 퉁기거나 건반을 눌러 소리를 내다.
③ 부끄럼이나 노여움 따위의 감정이나 간지럼 따위의 육체적 느낌을 쉽게 느끼다.

17 ②

② 烏飛梨落(오비이락) : 아무런 관계도 없이 한 일이 우연히 동시에 일어나, 다른 일과 관계된 것처럼 남의 혐의를 받게 됨을 비유하는 말

① 錦上添花(금상첨화) : 비단(緋緞) 위에 꽃을 더한다는 뜻으로, 좋은 일에 또 좋은 일이 더하여짐을 이르는 말

③ 苦盡甘來(고진감래) : 쓴 것이 다하면 단 것이 온다는 뜻으로, 어렵고 힘든 일이 지나면 즐겁고 좋은 일이 온다는 말

④ 一擧兩得(일거양득) : 한 가지 일로써 두 가지 이익을 얻는다는 뜻

18 ①

① 道聽塗說(도청도설) : 길거리에서 들은 이야기를 곧 그 길에서 다른 사람에게 말한다는 뜻으로, ㉠ 거리에서 들은 것을 남에게 아는 체하며 말함, ㉡ 깊이 생각 않고 예사(例事)로 듣고 말함 ㉢ 길거리에 떠돌아다니는 뜬소문

② 心心相印(심심상인) : 마음에서 마음으로 전한다는 뜻으로, 묵묵한 가운데 서로 마음이 통함

③ 拈華微笑(염화미소) : 말로 통하지 아니하고 마음에서 마음으로 전하는 일

④ 以心傳心(이심전심) : 마음에서 마음으로 전한다는 뜻

19 ②

털을 뽑아 신을 삼는다는 말은 자신의 온 정성을 다하여 은혜를 꼭 갚는다는 말이다.

20 ④

대수로이 … 중요하게 여길 만한 정도로

2015. 6. 27 | 제1회 지방직 시행

1 ④

①, ②, ③ 평범한 사람을 뜻한다.

④ 남편이 주장하고 아내가 이에 따름. 가정에서의 부부 화합의 도리를 이르는 말이다.

2 ②

② 다양한 의견을 지닌 주체들이 서로 어우러지면서도 야합하지 않는다고 했으므로 '남과 사이좋게 지내기는 하나 무턱대고 어울리지는 아니함'을 뜻하는 ②가 적절하다.

① 같은 소리끼리는 서로 응하여 울린다는 뜻으로, 같은 무리끼리 서로 통하고 자연히 모인다는 말이다.

③ 사람이 날 때는 다 같은 소리를 가지고 있으나, 자라면서 그 나라의 풍속으로 인해 서로 달라짐을 이르는 말이다.

④ 서로 적의를 품은 사람들이 한자리에 있게 된 경우나 서로 협력하여야 하는 상황을 비유적으로 이르는 말이다.

3 ①

㉠ **분류**(分類) : 종류에 따라서 가름

㉡ **분리**(分離) : 서로 나뉘어 떨어짐 또는 그렇게 되게 함

㉢ **구분**(區分) : 일정한 기준에 따라 전체를 몇 개로 갈라 나눔

4 ③

③ '곰살궂다'는 '태도나 성질이 부드럽고 친절하다', '꼼꼼하고 자세하다'를 뜻한다.

5 ②

② '언 발에 오줌 누기'란 언 발을 녹이려고 오줌을 누어 봤자 효력이 별로 없다는 뜻으로, 임시변통은 될지 모르나 그 효력이 오래가지 못할 뿐만 아니라 결국에는 사태가 더 나빠짐을 비유적으로 이르는 말이다.

① 손해를 크게 볼 것을 생각지 아니하고 자기에게 마땅치 아니한 것을 없애려고 그저 덤비기만 하는 경우를 비유적으로 이르는 말이다.

③ 쓸데없는 것이라도 없어지고 보면 섭섭하다.

④ 밑 빠진 독에 아무리 물을 부어도 독이 채워질 수 없다는 뜻으로, 아무리 힘이나 밑천을 들여도 보람 없이 헛된 일이 되는 상태를 비유적으로 이르는 말이다.

6 ④

④ 부숴진 → 부서진

'목재 따위를 짜서 만든 물건이 제대로 쓸 수 없게 헐어지거나 깨어지다'라는 뜻을 나타낼 때는 '부서지다'로 써야 한다. '단단한 물체를 여러 조각이 나게 두드려 깨뜨리다'라는 뜻을 나타낼 때는 '부수다'로 쓴다.

7 ②

② 고유어에 대응하는 한자어를 함께 보일 때는 대괄호를 쓴다. 따라서 '나이[年歲]'로 써야 한다.

8 ①

① 몽타주는 상형문자가 합해져서 회의문자가 만들어지는 과정에서 아이디어를 빌려온 것이지 상형문자의 형성 원리를 바탕으로 만들어진 기법은 아니다.

9 ③

③ 노동 시장이 생산물 시장 및 타 생산요소 시장과 어떻게 다른가를 제시하면서 노동 시장의 특징을 설명하고 있다.

10 ④

④ 감독조를 3공사장으로 보내기는 했지만 '더욱 감독조는 필요했다', '잠잠해질 때까지 당분간 보냈다가 ~ 교대시킬 뿐이었다'는 것으로 보아 감독조를 해체한 게 아니라는 것을 알 수 있다.

11 ①

① 허구헌 → 허구한

'날, 세월 따위가 매우 오래다'를 뜻하는 말은 '허구하다'이므로 '허구한 날'이라고 써야 한다.

12 ①

① 동사 ②③④ 형용사

'굳다'는 동사와 형용사의 의미를 모두 가진다. ①에서는 현재 관형사형 어미로 동사에 붙는 '-는'을 썼으므로 동사가 된다.

13 ③

③ 제시된 문장은 중의성 표현이다. '마음씨가 좋은' 사람이 '할머니'인지, '그'인지 명확하지 않다. 고친 문장의 조사 '가'도 중의성을 해소시키진 못하였다.

14 ②

① '사업자는 ~ 이바지한다는 것에 동의한다'로 호응하므로 고치지 않아도 된다.
③ 자격을 나타낼 때는 '-로서', 수단을 나타낼 때는 '-로써'를 쓴다.
④ '국민 경제의 건전한 발전'과 '국민 복지의 증진' 두 가지를 이어주는 대등 접속 조사인 '과'를 쓰는 것이 적절하다.

15 ②

① '귀하'는 '듣는 이를 높여 이르는 이인칭 대명사'이다. 특정인을 지칭하는 '귀하'는 '많이'와 호응하지 않는다.
③ '상품'은 간접 높임의 대상이 되지 않으므로 '품절입니다'라고 써야 한다.
④ '저희나라'를 '우리나라'로 써야 한다.

16 ③

③ '감각을 통하지 않고서는 어떤 구체적인 것도 얻을 수 없다'고 하여 감각을 중시하고 있다. 종 치는 것을 봄으로써 종을 치면 소리가 난다는 것을 알게 된다는 ③이 제시된 글의 내용과 가장 가깝다.

17 ④

④ 아내는 '양반 양반하더니 양반은 한 푼 가치도 못 되는구려'라고 하면서 남편을 몰아세우고 있다. 따라서 '공경하면서 두려워함'을 뜻하는 '외경'과는 거리가 멀다.

18 ④

① '심청이 거동 보소', '차마 보지 못할 지경이었다'를 통해 사건에 대한 서술자의 주관적 서술이 나타나 있음을 알 수 있다.
② 등장인물들의 대화를 통해 사건의 상황을 보여주고 있다.
③ 병든 아버지를 위해 죽는 일은 추호라도 싫지 않다는 것으로 보아 죽음을 초월한 심청의 면모와 효심을 알 수 있다.

19 ③

사랑하는 사람과 이별하여 달을 보며 외로운 자신의 처지를 한탄하고 있다. ③은 「황조가」로 짝을 잃은 슬픔과 외로움을 나타내고 있어 글의 내용과 시적 상황이 가장 유사하다.
① 「공무도하가」로 임을 여읜 슬픔을 나타내고 있다.
② 허난설헌의 「빈녀음」으로 가난한 여인의 처지를 나타내고 있다.
④ 정지상 「송인」으로 이별의 슬픔을 나타내고 있다.

20 ③

문맥상 (가)가 가장 먼저 올 수 있는 내용이다. (나)에서 '그러나'가 오는 것으로 보아 앞에는 상반된 내용이 와야 한다. (다)에서는 일부 산업 분야가 중앙 집권적 문화 지양한다는 것에 대해 설명하고 있으므로 (나)와 상반된 내용임을 알 수 있다. 따라서 (가)→(다)→(나)→(라)의 순서가 된다.

국어

2016. 3. 19 | 사회복지직 시행

1 ①

① 訂正(바로잡을 정, 바를 정) : 글자나 글 따위의 잘못을 고쳐서 바로잡음
② 正定(바를 정, 정할 정) : 번뇌로 인한 어지러운 생각을 버리고 마음을 안정하는 일
③ 正丁(바를 정, 넷째 천간 정) : 직접 군역(軍役)에 나가는 사람
④ 正正(바를 정, 바를 정) : '정정하다(바르고 가지런하다)'의 어근

2 ②

① 겉으로는 복종하는 체하면서 내심으로는 배반함
② 줏대 없이 남의 의견에 따라 움직임
③ 말로는 친한 듯하나 속으로는 해칠 생각이 있음
④ 겉으로는 웃고 있으나 마음속에는 해칠 마음을 품고 있음

3 ②

② 밀양 – Miryang, 밀양은 [밀량]이 아닌 [미량]으로 발음되므로 'll'이 아닌 'r'로 표기된다.

4 ③

③ '은연중'은 '남이 모르는 가운데'라는 뜻을 가진 하나의 명사로 붙여 쓰는 것이 옳다.

5 ①

② 물건을 높인 표현이다. '나오셨습니다 → 나왔습니다'로 고치는 것이 옳다.
③ '의미가 똑같은 형태가 몇 가지 있을 경우 그 중 어느 하나가 압도적으로 널리 쓰이면, 그 단어만을 표준어로 삼는다'는 표준어 규정에 의해 '안절부절못하다'가 표준어로 선정되었다. '안절부절하며 → 안절부절못하며'로 고치는 것이 옳다.
④ '있다'의 높임 표현은 '있으시다'와 '계시다'가 있는데 '계시다'는 직접 높임에만 쓰인다. '계시겠습니다 → 있으시겠습니다'로 고치는 것이 옳다.

6 ④

④ '서러운 풀빛' 등의 표현을 통해 저자의 주관적 정서를 표현하고 있다.
① '향연(香煙)과 같이'라는 비유적 표현을 확인할 수 있다.
② 모든 시행을 3음보로 끊어 읽을 수 있다.
③ '~것다'를 반복적으로 사용하고 있다.

7 ③

밑줄 친 표현은 '계집애(점순)'이 '나'에게 말을 걸기 위한 표현이므로 '친교적 기능'에 해당된다.
① 언어생활에서 더 듣기 좋은 표현을 담아 짜임새 있게 표현하는 것(= 시적 기능)
② 무엇을 하거나 하지 않도록 명령하는 것(= 명령적 기능, 욕구적 기능)
③ 서로의 안부를 묻는 등 원만한 사회생활을 유지하는 것(= 사교적 기능)
④ 언어를 통해 감정 또는 태도를 드러내는 것(= 정서적 기능, 표출적 기능)

8 ④

④ 아들은 아버지가 족보를 사는데 삼사천 원을 쓴 것을, 아버지는 아들이 자신의 여 제자를 유인한 것을 들어가며 서로를 감정적으로 공격하고 있다.

9 ①

① 주어진 작품 「삼포가는 길」은 농촌의 해체와 산업화가 활발했던 1970년대의 시대상이 드러나는 작품이다. '도자, 방둑, 트럭'은 고향이 산업화되어 공사를 벌이고 있음을 표현하고 있고 '하늘'은 이와 대비되는 자연(고향)을 상징하는 표현이다.

10 ②

"역사가들이 주로 관심을 가지는 것은 그와 같은 사실들이 아니라는 점이다. 그 대전투가 1065년이나 1067년이 아니라 1066년에 벌어졌다는 것, … 아는 것은 분명히 중요하다."라는 글의 내용을 통해 사건이 벌어진 시기는 역사가들에게 중요한 것임을 알 수 있다.

11 ④

④ '가물'은 오랫동안 계속하여 비가 내리지 않아 메마른 날씨를 뜻하는 '가뭄'과 동의어이므로 옳은 표현이다.
① 한참→한창(어떤 일이 가장 활기 있고 왕성하게 일어나는 때)
② 결제→결재(결정할 권한이 있는 상관이 부하가 제출한 안건을 검토하여 허가하거나 승인함)
③ 여위었다→여의었다(여의다 : 부모나 사랑하는 사람이 죽어서 이별하다)

12 ④

㉠ **새우다** : 한숨도 자지 아니하고 밤을 지내다.
㉡ **닦달하다** : 남을 단단히 윽박질러서 혼을 내다.

13 ④

축약이란 두 음운이 하나로 합치거나 두 음절이 한 음절로 줄어드는 음운현상으로 'ㅂ, ㄷ, ㄱ, ㅈ'과 'ㅎ'이 만나면 하나로 줄어들어 'ㅍ, ㅌ, ㅋ, ㅊ'이 되는 자음축약과 '보이다→뵈다' 등의 모음축약이 있다.
④ '닫히다'는 'ㄷ'과 'ㅎ'이 만나 [다티다]가 되고 구개음화에 의해 [다치다]가 된다.
① [논치다] : 음절의 끝소리 규칙
② [허두슴] : 음절의 끝소리 규칙, 연음법칙
③ [똑까치] : 된소리되기, 구개음화

14 정답없음

① 정수가 흰 바지를 입고 있는 중(진행)이라는 의미와 입은 채(상태)로 있다는 의미로 해석될 수 있다.
② 미희가 많은 친구를 보고 싶어 하는 것과 많은 친구가 미희를 보고하고 싶어 하는 것으로 해석될 수 있다.
③ '김 선생님과 간호사'가 입원 환자를 둘러보았다는 의미와 김 선생님이 '간호사와 입원 환자'를 둘러보았다는 의미로 해석될 수 있다.
※ 기존의 정답은 ④였으나 '좋아하는'의 주체가 불명확할 수 있어 중의적 해석 가능하다고 인정됨

15 ②

① 신문고(申聞鼓) : 북 고
② 고민(苦悶) : 쓸 고
③ 고발(告發) : 고할(알릴) 고
④ 숙고(熟考) : 생각할(상고할) 고

16 ②

늙은(늙다)는 동사이다.
② 동사 ①③④ 형용사

17 ②

문자로서의 '훈민정음'이 아닌 '훈민정음 해례본'이 유네스코에서 지정한 세계문화유산으로 등재되어 있다.

18 ④

④ 자장면에 대해 서술하고 있지만 이를 의인화한 표현이나 바람직한 삶의 자세에 대한 내용은 나타나지 않는다.
① 일상적인 소재인 자장면을 통해 추억을 회상하고 있다.
② 필자가 고향의 중국집에 갔던 기억을 중심으로 경험을 서술하고 있다.
③ '좁고 깨끗지 못했던 중국집'과 '흑설탕을 싸주던 중국집 주인'의 소박함과 정겨움을 중심으로 서술하고 있다.

19 ①

첫 문장에서 서양에 의한 동양의 해석이 나타나고 있고 그 이후에는 동양이 서양을 해석하는 것의 부재에 대해 서술하고 있으므로 (가) '그러나' 이후의 문장으로 반론을 제시하고 (가)에서 말한 동양이 서양을 해석하는 행위의 주체는 동양이어야 한다고 자연스럽게 (나)로 이어진다. (라)의 '그럼에도'는 (다)의 '~ 알아야 한다'와 자연스럽게 이어지므로 글의 순서는 (가) – (나) – (다) – (라)가 옳다.

20 ③

괄호 뒤에 내용은 괄호의 내용에 대한 설명에 해당된다. 이해관계에 의해 국가 간의 관계가 바뀌는 사례에 대해 나오고, '그것은 오로지 소유에 바탕을 둔 이해관계 때문이다'는 문장을 통해 괄호 안에 들어갈 문장이 '소유욕은 이해와 정비례한다'가 됨을 알 수 있다.

2016. 4. 9 | 인사혁신처 시행

1 ②

② 'shrimp'는 [ʃrɪmp]로 소리 난다. 자음 앞의 [ʃ]는 '슈'로 적으므로 '슈림프'가 옳은 표기이다.

2 ①

①에서 '는'은 (받침 없는 체언이나 부사어, 일부 연결 어미 뒤에 붙어) 강조의 뜻을 나타내는 보조사로 쓰였다.

3 ④

④ **사필귀정** : 모든 일은 반드시 바른길로 돌아감
① **교언영색** : 아첨하는 말과 알랑거리는 태도
② **절치부심** : 몹시 분하여 이를 갈며 속을 썩임
③ **만시지탄** : 시기에 늦어 기회를 놓쳤음을 안타까워하는 탄식

4 ①

① 더 많이 받은 사람도, 더 적게 받은 사람도 모두 공평한 금액을 받은 사람보다 덜 행복해 했으므로 인간은 공평한 대우를 받을 때 더 행복해 한다는 것을 추론할 수 있다.

5 ②

주어진 글에서 필자가 강조하고자 하는 내용은 '그러나' 뒤에 언급되는 내용이다. 필자는 로마가 문명이 무엇인가를 반성할 수 있게 만드는 도시이기 때문에 제일 먼저 로마를 보라고 권하고 있으며, 문명이 우리의 가치관과 직결되어 있다고 강조하고 있다.

6 ③

조국이 처한 상황에 따라 시인에게 맡겨지는 임무에 대해 사례와 함께 제시하고 있으므로 이 글의 제목으로는 '시인의 사명'이 가장 적절하다.

7 ③

기형도의 「엄마 걱정」은 시장에 간 엄마를 기다리는 외롭고 애틋한 마음을 노래한 시이다.

③ ㉢의 숙제를 천천히 하는 행위는 엄마를 기다리며 혼자 있는 무서움과 외로움을 극복하기 위한 행동으로 공부하기 싫은 마음이라고 보기는 어렵다.

8 ③

밑줄 친 이슬은 아름다운 존재이지만 소멸해 버리는 유한한 존재로, 인생의 덧없음과 연결되어 ③의 꿈과 유사한 의미라고 할 수 있다.

① **눈물** : 어머니의 희생을 상징
② **나뭇잎** : 생명력을 상징
④ **구름** : 자유를 상징

9 ②

② 서로 반대되는 의미의 한자어
①③④ 서로 유사한 의미의 한자어

10 ②

② 김 교수는 진행자의 의견에 동조하고 있지만, 자신의 견해를 수정하고 있지는 않다.

11 ④

① 그는 우리 시대의 <u>스승이라기보다는</u> 자상한 어버이이다. (격조사+보조사)
② 그는 <u>황소같이</u> 일을 한다.(격조사)
③ 하루 종일 <u>밥은커녕</u> 물 한 모금도 마시지 못했다.(보조사)

12 ②

② '안갚음'은 까마귀 새끼가 자라서 늙은 어미에게 먹이를 물어다 주는 일 또는 자식이 커서 부모를 봉양하는 일을 의미한다. 남에게 해를 받은 만큼 저도 그에게 해를 다시 준다는 의미를 가진 어휘는 '앙갚음'이다.

13 ①

① 콧망울 → 콧방울

14 ④

④ 거사는 흐린 것을 취하기 위해 거울을 본다고 언급하고 있다. 따라서 이상주의적이고 결백한 자세(맑고 아른아른한 거울)로 현실에 맞서고자 한다고 보기는 어렵다.

15 ③

③ 목적어(고소득자와 대기업)와 서술어(경원하다)가 자연스럽게 호응을 이루도록 '경원해서는'으로 고치는 것이 적절하다.

※ '경원하다'

㉠ 공경하되 가까이하지는 아니하다.

㉡ 겉으로는 공경하는 체하면서 실제로는 꺼리어 멀리하다.

16 ③

③ '아이들이 놀다 가다'라는 안긴문장이 '자리'를 수식하는 관형어로 쓰였다.

① '교정이 넓다'라는 안긴문장이 전체 문장의 서술어로 쓰였다.

② '비가 오다'라는 안긴문장이 '-기'와 결합하여 목적어로 쓰였다.

④ '대화가 어디로 튀다'라는 안긴문장이 '-ㄹ지'와 결합하여 목적어로 쓰였다.

17 ②

② **간섭**(干涉) : 직접 관계가 없는 남의 일에 부당하게 참견함

① **사주**(使嗾) : 남을 부추겨 좋지 않은 일을 시킴

③ **결함**(缺陷) : 부족하거나 완전하지 못하여 흠이 되는 부분

④ **척결**(剔抉) : 나쁜 부분이나 요소들을 깨끗이 없애 버림

18 ④

'몰두(沒頭)'의 한자를 보면 '沒(빠질 몰), 頭(머리 두)'로 보통 쓰이는 의미인 '어떤 일에 온 정신을 다 기울여 열중함'이 아닌, 글자 그대로의 의미로 짐짓 받아들여서 독자에게 웃음을 유발한다.

19 ②

② 1인칭 관찰자 시점으로 작품 속에 등장하는 '나'가 다른 인물들을 관찰하며 평가하고 있다.

20 ①

대화 (1)에서 ㉠ 체중이 얼마냐는 질문에 대해 55kg이라고 대답했으므로 관련성의 격률을 위배하였다고 볼 수 없다. 단, 질문하지 않은 내용을 추가로 제공하였고 그 내용에 대한 근거가 없으므로 양의 격률과 질의 격률을 위배하였다.

2016. 6. 18 | 제1회 지방직 시행

1 ②

② 덮밥은 '덮-(어미 생략) + 밥'으로 어미가 생략된 용언과 체언이 결합한 비통사적 합성어이다. 짙푸르다는 '짙-(어미 생략) + 푸르다'로 어미가 생략된 용언과 용언이 결합한 비통사적 합성어이다.

① 새 + 빨갛다(파생어), 열-(어간의 ㄹ탈락) + -ㄹ(관형사형 전성어미) + 쇠(통사적 합성어)

③ 감(어미 생략) + 발(비통사적 합성어), 돌 + 아 + 가다(통사적 합성어)

④ 젊은 + 이(통사적 합성어), 가로 + 막다(통사적 합성어)

2 ③

① 치뤄야 → 치러야

② 뒤쳐진 → 뒤처진

④ 잠궈 → 잠가

3 ①

② 우리는 모임에서 정한 대로 일정을 짤 수밖에 없었다.

③ 수정 요청 시 연관된 항목을 재조정 하여야 할 것이다.

④ 그것을 감당할 만한 능력뿐 아니라 추진력마저 없는 사람이다.

4 ②

㉡에서 '그러나'는 앞 문장에서 언급한 내용을 긍정하면서도 뒤에 나올 문장을 강조하는 역할의 접속 부사로 쓰였다. 고치지 않아도 되는 문장이다.

5 ④

④ **비운**: 막혀서 어려운 처지에 이른 운수. 또는 불행한 운명

① **부인**: 어떤 내용이나 사실을 옳거나 그러하다고 인정하지 아니함

② **부정**: 그렇지 아니하다고 단정하거나 옳지 아니하다고 반대함

③ **부결**: 의논한 안건을 받아들이지 아니하기로 결정함. 또는 그런 결정

6 ③

밑줄 친 문장은 '생각 ⊃ 말'의 포함관계를 보여 주는 문장이다. 따라서 말로는 감동을 설명할 수 없다고 하는 ③이 그 예로 적절하다.

7 ④

④ 패널 토의는 찬반 입장을 나누어 이야기하기에 적합하지 않다. 찬반 입장을 나누어 자기의 주장을 펼치고 상대방을 설득하는 말하기 방법은 토론이다.

8 ④

"두 시간도 못 되어서 벌써 잊어버린담?"이라는 나의 대사를 통해 두 시간 전 그의 연주는 야성, 힘, 귀기가 담겨있는 연주였음을 유추할 수 있다. 따라서 밑줄 친 '감정의 재'는 그런 것이 느껴지지 않는 연주를 말한다.

9 ②

② 소년은 대화를 주도하면서 거지 대장에 대한 상대방의 관심을 끌어들이고 있다.

10 ④

제시된 글은 실험을 통해 학생들의 열심히 듣기와 강의에 대한 반응이 교수의 말하기에 미친 영향을 보여 주고 있다. 즉, 경청, 공감하며 듣기의 중요성에 대해 보여 주는 것이다.

11 ③

① **가난한 집 신주 굶듯**: 가난한 집에서는 형편 때문에 신주까지도 제사 음식을 제대로 받아 보지 못하게 된다는 뜻으로, 줄곧 굶기만 한다는 말

② **가난한 집에 자식이 많다**: 가난한 집은 형편도 안 좋은 상황에 자식까지 많다는 뜻으로, 부담되는 것이 많음을 이르는 말

④ **가난한 집 제사 돌아오듯**: 산 사람 살기도 어려운 가난한 집에 제삿날이 자꾸 돌아와서 어려움을 겪는다는 뜻으로, 힘든 일이 자주 닥쳐옴을 비유적으로 이르는 말

12 ②

②에서는 '어떤 일을 할 수 있게 된 형편이나 기회'라는 의미의 '계제'를 쓰는 것이 적절하다.

13 ①

① 타율, 한, 독보, 기록→4개
② 상자, 것→2개
③ 친구, 외, 사람→3개
④ 모퉁이, 얼굴, 이→3개

14 ③

① 規正→規定(규칙으로 정함. 또는 그 정하여 놓은 것)
② 救助→構造(부분이나 요소가 어떤 전체를 짜 이룸. 또는 그렇게 이루어진 얼개)
④ 懸賞→現象(인간이 지각할 수 있는, 사물의 모양과 상태)

15 ④

④ **후생가외** : 젊은 후학들을 두려워할 만하다는 뜻으로, 후배들이 선배들보다 젊고 기력이 좋아, 학문을 닦음에 따라 큰 인물이 될 수 있으므로 가히 두렵다는 말
① **구밀복검** : 입에는 꿀이 있고 배 속에는 칼이 있다는 뜻으로, 말로는 친한 듯하나 속으로는 해칠 생각이 있음을 이르는 말
② **일패도지** : 싸움에 한 번 패하여 간과 뇌가 땅바닥에 으깨어진다는 뜻으로, 여지없이 패하여 다시 일어날 수 없게 되는 지경에 이름을 이르는 말
③ **수서양단** : 구멍에서 머리를 내밀고 나갈까 말까 망설이는 쥐라는 뜻으로, 머뭇거리며 진퇴나 거취를 정하지 못하는 상태를 이르는 말

16 ①

① 영수는 보이스피싱 범죄가 개인이 자신의 정보를 잘못 관리한 책임이라고 보고 은행에도 일부 책임을 지게 하는 정부 방침에 문제가 있다고 생각한다. 그러나 민수는 보이스피싱 범죄에 있어 개인의 부주의보다는 정부의 근본적 해결책 모색이 시급하다고 하고 있으므로, 그 책임을 소비자에게만 전가하는 것에 대하여 부정적으로 생각한다는 것을 알 수 있다.

17 ②

동양과 서양에서 위기를 의미하는 단어를 분석해 보는 것을 통해 위기 상황을 냉정하게 판단하고 긍정적으로 받아들이면 좋은 결과를 얻거나 또 다른 기회가 될 수 있다는 이야기를 하고 있다.

18 ③

㉢은 맏아들 대소가 주몽을 도모하고자 왕에게 건의하였으나 왕이 듣지 않고 주몽에게 말을 기르도록 했다는 내용이다. 따라서 주몽이 준마를 얻기 위해 대소와 모의했다는 설명은 적절하지 않다.

19 ③

개인적 자아의 독립을 포기→어떤 상황에 대한 자신의 견해를 가지지 않음
자기 이외의 어떤 존재에 종속되고자 함→언론 매체의 의견을 무비판적으로 수용

20 ②

② 제시된 글에는 용어의 개념 정의를 통해 독자의 이해를 도우며 논지를 전개하는 방식이 쓰이지는 않았다.

2016. 6. 25 | 서울특별시 시행

1 ③
① 삵괭이 → 살쾡이, 떨어먹다 → 털어먹다
② 세째 → 셋째, 애닯다 → 애달프다
④ 광우리 → 광주리, 강남콩 → 강낭콩

2 ①
㉠에서 황수건의 행동은 참외 장사 밑천인 돈 삼 원이 생긴 것에 대한 기쁨에서 비롯된 것이라고 볼 수 있다.

3 ④
④ 음운 탈락
①②③ 음운 축약

4 ②
② 수사
①③④ 관형사

5 ②
② 비나리치다 : 아첨을 해가며 환심을 사다.

6 ④
① 옐로우 → 옐로
② 알콜 → 알코올, 써클 → 서클
③ 도너츠 → 도넛

7 ④
④ 해명 자료⑵는 유학생, 주재원 등은 통상적으로 국내 주소지가 단독세대원인 경우가 거의 없으므로 단독세대원의 공공아이핀 발급 불가능 문제가 발생할 확률이 크지 않음을 밝히고 있는 내용이다. 문제가 해결되었음을 설명하는 것은 아니다.

8 ①
② 뚫는[뚤른]
③ 넓죽하다[넙쭈카다]
④ 흙만[흥만]

9 ①
'손놀림'은 파생명사인 '놀림'과 단일어인 '손'이 합성된 합성어이다.
① 책(단일어) + 꽂이[파생명사(꽂- + -이)]
② 헛-(접사) + 소리
③ 가리- + -개(접사)
④ 흔들- + -리-(피동접미사) + -ㅁ(명사형 어미)

10 ④
① 중요(重要)하다 : 귀중하고 요긴하다.
② 대중(大衆) : 수많은 사람의 무리
③ 중개사(仲介士) : 다른 사람의 의뢰를 받고 상행위를 대리하거나 매개하여 그에 대한 수수료를 받는 일을 전문으로 하는 사람

11 ②
〈보기〉는 구상의 '초토의 시 8-적군 묘지 앞에서'이다. 이 시의 작품 속 시대적 배경은 6·25 한국전쟁이다.
② 이범선의 「오발탄」 : 6·25 후의 암담한 현실을 리얼하게 부각시킨 작품이다.
① 김주영의 「객주」 : 1878~1885년경 경상도 울진을 중심으로 부보상인 천봉산의 일상을 그렸다.
③ 박경리의 「토지」 : 구한말부터 일제강점기까지 한 가문의 몰락과 다시 일어서는 과정을 그리고 있다.
④ 황석영의 「장길산」 : 조선 숙종조에 실재했던 인물인 장길산을 주인공으로 한 역사소설이다.

12 ③
③ ㉢의 '넓다'는 형용사이다. ㉣을 볼 때 형용사도 사동화될 수 있다.

13 ①

① 심지어(甚至於), 어차피(於此彼), 주전자(酒煎子)는 한자어이다.

14 ③

① ㉠은 '철수(가) 밥(을) 먹는다'에서 조사가 생략된 형태로 '밥'은 목적어 기능을 수행한다.

② 절은 주어와 서술어를 갖춘 두 개 이상의 단어가 통합된 단위이다. '그 사람이', '그런 심한 말을'은 각각 주어, 목적어 성분이 구로 실현된 것이다.

④ '민한경 씨가 익명의 독지가였음이'는 주어 성분으로서 명사절로 실현되어 있다.

15 ③

③ **騎虎之勢**(기호지세) : 호랑이를 타고 달리는 형세라는 뜻으로, 이미 시작한 일을 중도에서 그만둘 수 없는 경우를 비유적으로 이르는 말이다.

① **登高自卑**(등고자비) : 높은 곳에 오르려면 낮은 곳에서부터 출발해야 한다는 뜻으로, 모든 일에는 순서가 있다는 말이다.

② **角者無齒**(각자무치) : 뿔이 있는 짐승은 이가 없다는 뜻으로, 한 사람이 여러 가지 재주나 복을 다 가질 수 없다는 말이다.

④ **脣亡齒寒**(순망치한) : 입술이 없으면 이가 시리다는 뜻으로, 이해관계가 밀접한 사이에 한쪽이 망하면 다른 한쪽도 그 영향을 받아 온전하기 어려움을 이르는 말이다.

16 ③

㉤ 「혈의 누」(1906), 「자유종」(1910)

㉡ 「무정」(1917)

㉢ 『창조』(1919), 『백조』(1922), 『폐허』(1920), 『조선일보』(1920), 『동아일보』(1920)

㉠ 「삼대」(1931), 「흙」(1932~1933), 「태평천하」(1938)

㉣ 『인문평론』(1939」, 『문장』(1939)

17 ②

①은 1❺에 대한 예문이다.

③은 3❷에 대한 예문이다.

④는 2에 대한 예문이다.

18 ④

① 혀가 윗잇몸에 닿는 모양을 본뜬 것은 'ㄴ'이다.

② 'ㄱ, ㄴ, ㅁ, ㅅ, ㅇ' 5개의 기본 문자에 가획의 원리로 'ㅋ, ㄷ, ㅌ, ㅂ, ㅍ, ㅈ, ㅊ, ㆆ, ㅎ, ㆁ, ㄹ, ㅿ' 총 17개의 문자를 만들었다.

③ 세종 25년 12월에 창제된 훈민정음은 모두 28자로 초성 17자, 중성 11자이며 종성은 초성을 다시 쓴다고 하였다.

19 ④

① 대화를 하면 할수록 <u>타협점은커녕</u> 점점 갈등만 커지게 되었다.

② 창문 밖에 소리가 나서 봤더니 바람 <u>소리밖에</u> 들리지 않았다.

③ 그만큼 샀으면 충분하니 가져갈 수 <u>있을 만큼만</u> 상자에 담으렴.

20 ②

② **麥秀之嘆**(맥수지탄) : 고국의 멸망을 한탄함

① **溫故知新**(온고지신) : 옛것을 익히고 그것을 미루어서 새것을 앎

③ **識字憂患**(식자우환) : 학식이 있는 것이 오히려 근심을 사게 됨

④ **左顧右眄**(좌고우면) : 앞뒤를 재고 망설임

2017. 3. 18 | 제1회 서울특별시 시행

1 ④

④ 땀을 들이다 : 몸을 시원하게 하여 땀을 없애다. 또는 잠시 휴식하다.

2 ①

① 비가 오다 + 소리가 들린다 → 동격관형절
② 양복을 맞췄다 + 양복을 입었다 → 목적어가 생략된 관계관형절
③ 지갑을 주웠다 + 지갑을 우체통에 넣었다 → 목적어가 생략된 관계관형절
④ 사람을 만났다 + 사람은 의사이다 → 목적어가 생략된 관계관형절

3 ③

① ㄱ[－경구개음], ㄹ[－후음]
② ㅁ[－경구개음], ㅂ[－후음]
④ ㅎ[＋후음], ㄱ[＋연구개음]

4 ④

④ 않는 → [안는] → [아는]으로 발음한다.

5 ②

② **들**(의존명사) : 두 개 이상의 사물을 나열할 때, 그 열거한 사물 모두를 가리키거나, 그 밖에 같은 종류의 사물이 더 있음을 나타내는 말
① **만큼**(조사) : 앞말과 비슷한 정도나 한도임을 나타내는 격조사 → 키는 장대만큼
③ **만**(의존명사) : (시간이나 거리를 나타내는 말 뒤에 쓰여) 앞말이 가리키는 동안이나 거리를 나타내는 말 → 세 시간 만에
④ **－는지**(어미) : 막연한 의문이 있는 채로 그것을 뒤 절의 사실이나 판단과 관련시키는 데 쓰는 연결 어미 → 대답이 맞는지

6 ①

① **변명**(辨 분별할 변, 明 밝을 명) : 어떤 잘못이나 실수에 대하여 구실을 대며 그 까닭을 말함
② **인식**(認 알 인, 識 알 식) : 사물을 분별하고 판단하여 앎
③ **대처**(對 대답할 대, 處 살 처) : 어떤 정세나 사건에 대하여 알맞은 조치를 취함
④ **선양**(宣 배풀 선, 揚 오를 양) : 명성이나 권위 따위를 널리 떨치게 함

7 ②

언어의 특성

㉠ **기호성** : 언어는 일정한 내용을 일정한 형식으로 나타내는 기호 체계
㉡ **자의성** : 일정한 내용을 일정한 형식으로 나타낼 때, 내용과 형식 사이에는 필연적인 관련성이 없음
㉢ **사회성** : 언어는 그 언어를 사용하는 사람들 사이의 약속이기 때문에, 개인이 임의로 바꿀 수 없음
㉣ **역사성** : 언어는 시간의 흐름에 따라 끊임없이 사라지고 새로 생기고 변함
㉤ **규칙성** : 언어에는 반드시 지켜야 하는 규칙이 있음
㉥ **창조성** : 언어로 무한히 많은 말들을 만들어 표현할 수 있음

8 ②

② 무람없다 : 예의를 지키지 않으며 삼가고 조심하는 것이 없다.

9 ①

① 보거라(보조동사), 보다(보조형용사)
② 먹었다(보조동사), 먹자(본동사)
③ 드리렴(본동사), 드린다(보조동사)
④ 말고(본동사), 말았다(보조동사)

10 ①

① 쉼표를 활용하면 하나로 이어진 문장을 두 개로 나누는 효과가 생긴다. 즉, ㉠은 '낯익은 동생이 우리 집에 찾아왔다'와 '그는 철수의 동생이다'의 두 개로 나눌 수 있다. 따라서 '낯익은'은 '동생'을 수식한다.

11 ③

① 가까왔다 → 가까웠다
② 잘되서 → 잘돼서
④ 생각컨대 → 생각건대(생각하건대)

12 ②

제시된 내용은 '토끼타령'의 일부로, 토끼가 도망치느라 정신없는 상황이다.

② 魂飛魄散(혼비백산) : 혼백이 어지러이 흩어진다는 뜻으로, 몹시 놀라 넋을 잃음을 이르는 말
① 小隙沈舟(소극침주) : 작은 틈으로 물이 새어들어 배가 가라앉는다는 뜻으로, 작은 일을 게을리하면 큰 재앙이 닥치게 됨을 비유하는 말
③ 亡羊補牢(망양보뢰) : 양을 잃고 우리를 고친다는 뜻으로, 이미 어떤 일을 실패한 뒤에 뉘우쳐도 아무 소용이 없음을 이르는 말
④ 干名犯義(간명범의) : 명분을 거스르고 의리를 어기는 행위

13 ①

「석보상절」은 중세국어 시기에 간행된 자료이다.

① 'ㅚ'와 'ㅟ'가 단모음화된 것은 현대국어에서이다.

14 ④

「가시리」는 이별의 슬픔과 한을 노래한 작품이다. 이와 가장 유사한 작품은 김소월의 「진달래꽃」이다.

① 한용운의 「님의 침묵」은 님을 잃은 슬픔의 극복과 님에 대한 절대적 사랑을 노래하고 있다.
② 김상용의 「남으로 창을 내겠소」는 전원 생활을 통한 달관적인 삶의 추구를 그리고 있다.
③ 서정주의 「국화 옆에서」는 인고의 세월을 거쳐 도달한 삶의 원숙미를 노래한다.

15 ③

③ 도적과 함께한 길동의 죄명을 알 수 있는 부분이다.
① 涕泣奏曰(눈물 체, 울 읍, 아뢸 주, 가로 왈) : 울면서 아뢰고 있다.
② 태생이 천함을 한탄하고 있다.
④ 감사가 길동을 결박하여 보내며 슬퍼하고 있다.

16 ②

제시된 글에서 글쓴이는 경제의 글로벌화로 다양성이 증대되었다고 생각하기 쉽지만, 실제로는 다양성을 깨끗이 지워버리는 한편, 세계 전역에 걸쳐 지역마다의 문화적 특성까지도 말살하고 있다고 언급하고 있다. 따라서 이 글의 의도에 부합하는 반응은 ②이다.

17 ③

밑줄 친 표현은 청각을 시각화한 공감각적 표현이다. ③에서는 서늘함과 열의 촉각적 대조만 나타난다.

① 후각의 시각화
② 시각의 청각화
④ 청각의 시각화

18 ④

밑줄 친 문장에서 강조하는 것은 기술에 대한 인간의 결정이다. ㉠, ㉡, ㉢은 기술이 열어 놓은 문이라고 볼 수 있으며 그 문에 들어갈지 말지는 인간이 결정하는 것, 즉 ㉣ 선택이 가장 가깝다.

19 ③

③ 제시문에서 하강 억양은 완결의 뜻을, 상승 억양은 비판의 뜻을 나타낸다고 언급하고 있다. 따라서 상승 억양에는 화자의 비판적 태도와 의미가 담길 수 있다.
① 억양을 잘 이해할수록 정확한 뜻을 전달하기 쉽다.
② 억양은 문장의 유형을 결정하는 문법적 기능을 담당한다.
④ 같은 문장이라도 억양의 차이에 따라 문장 유형이 달라질 수 있다.

20 ④

원관념을 숨기고 보조관념만으로 본래의 의미를 암시하는 방법은 풍유법(수사법상 비유법)과 흑과 백의 대조법을 사용하고 있다.

① 작자는 정몽주의 어머니로 알려져 있지만, 논란이 있다.
② 색의 대비를 통해 백로를 옹호하고, 까마귀를 부정적 존재로 표현하고 있다.
③ '새울세라'는 '시샘할까봐 두렵구나'로 해석할 수 있다.

국어

2017. 4. 8 | 인사혁신처 시행

1 ②

제시된 시가는 4구체 한역 시가인 구지가이다. 수로왕의 강림을 기원하는 주술적 성격의 집단 시가의 성격을 가진다.

[현대어 풀이]

龜何龜何(구하구하) 거북아 거북아 → 거북을 부름(환기)

首其現也(수기현야) 머리(왕)를 내어라. → 왕을 내놓으라고 명령(요구)

若不現也(약불현야) 만약 내놓지 않으면 → 조건을 가정(조건)

燔灼而喫也(번작이끽야) 구워서 먹으리. → 구워 먹겠다고 위협(위협)

2 ④

이 시는 해 지는 강변의 모습을 바라보며 가난한 노동자의 삶의 비애를 노래하지만, 결국 물이 흐르고 달이 뜨는 것처럼 다시 삶으로 돌아가야 하는 인생에 대한 자각을 보여준다.

④ '거기 슬픔도 퍼다 버린다'에서 알 수 있듯, 화자의 주관적인 감정을 배제한 것은 아니다. 또한 해 지는 강가의 풍경을 통해 시의 주제를 담아 전달하려 한다.

3 ②

② **囊中之錐**(낭중지추) : 주머니 속의 송곳이라는 뜻으로, 재능이 뛰어난 사람은 숨어 있어도 저절로 사람들에게 알려짐을 이르는 말

① **吳越同舟**(오월동주) : 서로 적의를 품은 사람들이 한자리에 있게 된 경우나 서로 협력하여야 하는 상황을 비유적으로 이르는 말

③ **馬耳東風**(마이동풍) : 동풍이 말의 귀를 스쳐 간다는 뜻으로, 남의 말을 귀담아듣지 아니하고 지나쳐 흘려버림을 이르는 말

④ **近墨者黑**(근묵자흑) : 먹을 가까이하는 사람은 검어진다는 뜻으로, 나쁜 사람과 가까이 지내면 나쁜 버릇에 물들기 쉬움을 비유적으로 이르는 말

4 ③

③ 영달은 등에 업은 백화가 어린애처럼 가벼워 등이 불편하지도 않았고 어쩐지 가뿐한 느낌이었다. 이러한 느낌이 백화가 쇠약해진 탓이리라는 생각의 끝에서 대전에서의 옥자가 생각난 것이므로, 영달은 옥자가 쇠약해졌다고 인식하고 있는 것이다.

5 ③

제시된 문장의 '고치다'는 '고장이 나거나 못 쓰게 된 물건을 손질하여 제대로 되게 하다'는 의미로 문맥적 의미가 같은 것은 ③이다.

① 본디의 것을 손질하여 다른 것이 되게 하다.

②④ 이름, 제도 따위를 바꾸다.

6 ①

'시망스럽다'는 '몹시 짓궂은 데가 있다'는 의미의 우리말이다.

② 활발하다 ③ 산만하다 ④ 잔망스럽다

7 ③

한자에서 온 접두사 '강-'은 '매우 센' 또는 '호된'의 뜻을 더한다. 보기 ③ '강기침'의 '강-'은 우리말 접두사로 '마른' 또는 '물기가 없는'의 뜻을 더한다.

※ 우리말 접두사 '강-'의 의미

㉠ 다른 것이 섞이지 않고 그것만으로 이루어진

㉡ 마른 또는 물기가 없는

㉢ 억지스러운

8 ②

② '불은'의 기본형은 '물에 젖어서 부피가 커지다'는 의미를 가진 '붇다'이다. '붇다'는 어간의 끝소리 'ㄷ'이 모음 앞에서 'ㄹ'로 바뀌는 'ㄷ' 불규칙동사이다.

① 'ㄹ' 탈락 ③ '르' 불규칙 ④ 'ㅡ' 탈락

9 ③

③ 제시된 부분에서 시간적 배경의 특성과 공간적 배경의 역할은 뚜렷하게 드러나지 않는다.

① 어머니가 주의를 준 대로 푸줏간 주인에게 말하고 있으므로 어머니의 주의를 수용했다고 볼 수 있다.

② 어머니가 심부름 보내는 '나'에게 하는 대사를 통해 남에게 만만해 보이지 않고, 손해 보기 싫어하는 태도를 읽을 수 있다.

④ '나'가 내뱉은 당돌한 말을 듣고 웃는 중국인의 모습에서 그 정서가 드러나고 있다.

10 ④

④ 네 번째 문단 마지막 문장에서 '말을 통하지 않고는 생각을 전달할 수가 없는 것이다'고 언급하고 있다.

11 ③

김기림의 〈바다와 나비〉는 일제 강점기와 근대화 과정에서 지식인이 겪는 방황과 좌절에 대해 서글픈 시선으로 바라보고 있다.

③ '공주처럼'은 나비의 순수함을 나타낸다. 순진무구한 나비가 시련의 바다를 만나 지쳐서 돌아오는 모습에서 초생달마저 시리게 보이는 것이다.

① 청무우밭은 나비의 이상향이라면 바다는 냉혹한 현실로, 대립되는 이미지로 쓰였다.

② 1연의 내용을 통해 알 수 있다.

④ 꽃이 피지 않은 삼월과 시린 초생달은 모두 차가운 이미지로 사용되었다.

12 ②

② 화자는 금광 브로커들에 대하여 '목적 없이 거리로 나온 자기보다는 좀 더 진실한 인생이었을지도 모른다'고 생각하고 있지만, 예찬의 대상은 아니다.

13 ④

④ ㉣은 선관이 한 말이다. 남악산 신령들은 선관에게 부인댁으로 가라고 지시한 존재이다.

① 부인이 차려놓은 제물을 신령이 하강하여 흠향하였으므로 길조가 일어날 것임을 암시한다.

② ㉡은 빌기를 다한 후에 만심 고대하던 차에 얻은 꿈의 상황이다.

③ 선관은 ㉢ 후에 상제전에 득죄하여 인간에 내침을 당했다.

14 ①

㉠ **說明**(말씀 설, 밝을 명) : 어떤 일이나 대상의 내용을 상대편이 잘 알 수 있도록 밝혀 말함. 또는 그런 말

㉡ **描寫**(그릴 묘, 베낄 사) : 어떤 대상이나 사물, 현상 따위를 언어로 서술하거나 그림을 그려서 표현함

㉢ **敍事**(차례 서, 일 사) : 사실을 있는 그대로 적음

㉣ **論證**(논할 논, 증거 증) : 옳고 그름을 이유를 들어 밝힘. 또는 그 근거나 이유

15 ③

① 낳았다 → 나았다

② 넉넉치 → 넉넉지

④ 이여서 → 이어서

16 ④

훈민정음 28자모

자음 (17개)	ㄱ, ㅋ, ㆁ, ㄷ, ㅌ, ㄴ, ㅂ, ㅍ, ㅁ, ㅈ, ㅊ, ㅅ, ㆆ, ㅎ, ㅇ, ㄹ, ㅿ
모음 (11개)	ㆍ, ㅡ, ㅣ, ㅗ, ㅏ, ㅜ, ㅓ, ㅛ, ㅑ, ㅠ, ㅕ

17 ①

② 잘할 뿐더러 → 잘할뿐더러

③ 시간만에 → 시간 만에

④ 안 된다 → 안된다

18 ①

② 灼熱 : 치열 → 작열

③ 荊棘 : 형자 → 형극

④ 惡寒 : 악한 → 오한

19 ①

① ‘ㄴ, ㅁ, ㅇ’은 입 안의 통로를 막고 코로 공기를 내보내면서 내는 소리인 비음이다.

※ 자음체계와 모음체계

㉠ 자음체계

조음방법 \ 조음위치			입술소리	혀끝소리	경구개음	연구개음	목청소리
안울림소리	파열음	예사소리	ㅂ	ㄷ		ㄱ	
		된소리	ㅃ	ㄸ		ㄲ	
		거센소리	ㅍ	ㅌ		ㅋ	
	파찰음	예사소리			ㅈ		
		된소리			ㅉ		
		거센소리			ㅊ		
	마찰음	예사소리		ㅅ			ㅎ
		된소리		ㅆ			
울림소리	비음		ㅁ	ㄴ		ㅇ	
	유음			ㄹ			

㉡ 모음체계

혀의 높이 \ 혀의 앞뒤	전설모음		후설모음	
	평순	원순	평순	원순
고모음	ㅣ	ㅟ	ㅡ	ㅜ
중모음	ㅔ	ㅚ	ㅓ	ㅗ
저모음	ㅐ		ㅏ	

20 ②

㈎ 사물은 이쪽에서 보면 모두가 저것, 저쪽에서 보면 모두가 이것이다→㈏ 그러므로 저것은 이것에서 생겨나고, 이것 또한 저것에서 비롯되는데 이것과 저것은 혜시가 말하는 방생의 설이다→㈑ 그러나 혜시도 말하듯이 ‘삶과 죽음’, ‘된다와 안 된다’, ‘옳다와 옳지 않다’처럼 상대적이다→㈐ 그래서 성인은 상대적인 방법이 아닌 절대적인 자연의 조명에 비추어 커다란 긍정에 의존한다.

2017. 6. 17 | 제1회 지방직 시행

1 ①

① '퍼렇다'는 ㅎ불규칙 활용을 하는 용언으로 '퍼레', '퍼러니', '퍼렇소' 등으로 활용한다.

② 또아리 → 똬리

③ 머릿말 → 머리말

④ 잠궈야 → 잠가야

2 ②

'말길이 되다'는 '남에게 소개하는 의논의 길이 트이다'는 뜻의 관용구이다.

① 말꼬리를 물다

③ 말이 있다

④ 맛을 붙이다

3 ④

• 쌈 : 바늘을 묶어 세는 단위. 한 쌈은 바늘 24개를 이른다.

• 제 : 한약의 분량을 나타내는 단위. 한 제는 탕약 20첩

• 거리 : 오이나 가지 따위를 묶어 세는 단위. 한 거리는 오이나 가지 50개

따라서 24+20+50=94

4 ④

제시된 작품은 오언절구 한시인 허난설헌의 '춘우'이다.

④ 담장 위로 떨어지는 살구꽃은 외롭고 쓸쓸한 화자의 심정을 나타내기 위해 동원된 객관적 상관물로, 화자 자신과 동일시되는 소재이다.

※ 작품 해석

春雨暗西池(춘우암서지) 봄비 내리니 서쪽 못은 어둑한데 → 쓸쓸한 분위기

輕寒襲羅幕(경한습라막) 찬바람은 비단 장막으로 스며드네. → 추위가 외로움을 더함

愁倚小屏風(수의소병풍) 시름에 겨워 작은 병풍에 기대니 → 시름에 잠긴 화자

墻頭杏花落(장두행화락) 담장 위에 살구꽃이 떨어지네. → 허망하게 지나간 젊음(살구꽃=화자)

5 ③

제시된 시조는 정철의 작품으로 전원 생활의 멋과 풍류에 대해 노래하고 있다.

③ '언치'는 말이나 소 안장 밑에 깔아 등을 덮어주는 방석이나 담요이다. '언치 노하'는 안장은 올리지 않고 방석만 놓고 타는 것으로 격식을 갖추는 태도가 아니다.

※ 현대어 풀이

고개 너머 성권농 집에 술 익었다는 말 어제 듣고

누운 소 발로 박차 방석만 놓아 껑충 눌러 타고

여봐라, 네 권농 계시냐? 정좌수 왔다 하여라.

6 ①

㉠ 長廣舌(장광설) : 쓸데없이 너저분하게 오래 지껄이는 말

㉡ 流言蜚語(유언비어) : 아무 근거 없이 널리 퍼진 소문

㉢ 辨明(변명) : 어떤 잘못이나 실수에 대하여 구실을 대며 그 까닭을 말함

7 ④

제시된 작품은 정지용의 '인동차'로, 산중 고절의 집 안팎의 풍경을 소재로 탈속고절의 정신세계에 대한 지향을 담고 있다.

④ '잠착하다'는 '한 가지 일에만 정신을 골똘하게 쓰다'의 의미이다.

8 ①

[주체−] : '나'를 높이기 위한 주격조사 '−께서'나 선어말어미 '−시−' 등이 사용되지 않았다.

[객체+] : 객체인 '선생님'을 높이기 위해 '−께', '드리다' 등이 사용되었다.

[상대−] : 해라체를 사용하는 것으로 보아 상대인 '숙희'를 높이고 있지 않다.

9 ①

지문에서 칸트의 견해는 톨스토이나 마르크스의 견해와 상반되는 것으로 내재적이고 선험적인 예술 작품의 특성, 즉 순수미의 영역을 말한다.

※ 문학 감상의 관점

㉠ 내재적 관점(절대론) : 작품 내부의 구성 요소에 주목

㉡ 외재적 관점

• 표현론 : 작가 중심
• 반영론 : 사회 중심
• 효용론 : 독자 중심

10 ②

㉡ '새우잠'은 새우처럼 등을 구부리고 자는 잠. 주로 모로 누워 불편하게 자는 잠을 의미한다. '안잠'은 여자가 남의 집에서 먹고 자며 그 집의 일을 도와주는 일, 또는 그런 여자를 말한다.

11 ①

제시된 시조는 변계량의 작품으로 타고난 천성인 의를 지키며 살려는 의지를 노래하고 있다.

① 率性(솔성) : 천성을 좇음

② 善交(선교) : 잘 사귐

③ 遵法(준법) : 법을 지킴

④ 篤學(독학) : 학문에 충실함

[현대어 풀이]

나에게 좋다 하여 남이 싫어하는 일을 하지 말며
남이 한다고 해도 옳은 일이 아니면 따라하지 말며
우리는 타고난 천성의 지키며 생긴 대로 하리라.

12 ③

③ 깨단하다 : 오랫동안 생각해 내지 못하던 일 따위를 어떠한 실마리로 말미암아 깨닫거나 분명히 알다.

① 뉘연히 → '버젓이'의 잘못

② 뒤어내고 → '뒤져내다(샅샅이 뒤져서 들춰내거나 찾아내다)'의 잘못

④ 허구헌 → '허구한'의 잘못

13 ④

㉣ 日照 → 一朝

• 日照 : 햇볕이 내리쬠
• 一朝 : 하루 아침

14 ②

㉠ 흐드러지다 : 매우 탐스럽거나 한창 성하다 → 형용사

㉡ 찍다 : 어떤 대상을 촬영기로 비추어 그 모양을 옮기다 → 동사

㉢ 설레다 : 마음이 가라앉지 아니하고 들떠서 두근거리다 → 동사

㉣ 충만하다 : 한껏 차서 가득하다 → 형용사

㉤ 없다 : (이유, 근거, 구실, 가능성 따위와 같은 단어와 함께 쓰여) 이유나 가능성 따위로 성립될 수 없는 상태이다 → 형용사

15 ②

밑줄 친 '정상 과학의 시기'에는 어떤 연구가 어떻게 이루어지는가에 대한 질문 뒤로 이어지는 '이미 이론의 핵심 부분들은 정립돼 있다'는 문장에서 답을 찾을 수 있다.

16 ③

• 잡다 : 짐승을 죽이다 → 죽이다
• 잡다 : 손으로 움키고 놓지 않다 → 쥐다
• 잡다 : 어림하거나 짐작하여 헤아리다 → 어림하다
• 잡다 : 기세를 누그러뜨리다 → 진압하다

③에서 '잡다'는 '담보로 맡다'의 의미이다.

17 ②

② 조간대 중부에 사는 생물의 종류는 언급되지 않았다.

① 셋째 문단에 '조간대를 찾았을 때 총알고둥류와 따개비들을 발견했다면 그곳이 조간대에서 물이 가장 높이 올라오는 지점인 것이다'를 통해 알 수 있다.

③ 조간대는 극단적이고 변화무쌍한 환경으로 이러한 불안정하고 척박한 바다 환경에 적응하기 위해 높이에 따라 수직으로 종이 분포한다.

④ 둘째 문단을 통해 알 수 있다.

18 ④

서론에서 최근 수출 실적 부진을 지적하고 본론에서 수출 경쟁력의 실태를 분석한 뒤 결론에서 수출 경쟁력 향상 방안을 제시하고 있으므로 주제는 ④가 적절하다.

19 ③

㉠ **그쪽** : 듣는 이 또는 듣는 이들을 가리키는 2인칭 대명사
㉡ **우리** : 말하는 이가 자기보다 높지 아니한 사람을 상대하여 어떤 대상이 자기와 친밀한 관계임을 나타낼 때 쓰는 말
㉢ **저** : 말하는 이가 윗사람이나 그다지 가깝지 아니한 사람을 상대하여 자기를 낮추어 가리키는 1인칭 대명사
㉣ **본인** : 앞에서 언급된 할머니
㉤ **당신** : 2인칭 대명사로 지문에서 청자인 ㉠의 '그쪽'
㉥ **당신** : '자기'를 아주 높여 이르는 말로 앞에서 이미 언급된 사람을 다시 가리키는 3인칭 재귀 대명사

20 ③

㉢의 '그러나' 앞뒤로 내용을 나눠서 볼 수 있다. ㉠과 ㉡은 글쓴이가 말하고자 하는 바와 반대되는 내용으로, ㉠㉡을 먼저 제시하고 ㉢㉣로 이를 반박한 후 결론인 ㉤을 이끌어 내고 있다.

2017. 6. 24 | 제2회 서울특별시 시행

1 ②

① 선릉[설릉] – Seolleung
③ 낙동강[낙똥강] – Nakdonggang
④ 집현전[지편전] – Jiphyeonjeon

2 ③

③ '뒤 + 풀이'는 [뒤: 푸리]로 발음하므로 사잇소리 현상이 일어나지 않는 단어이다. 또한, 뒤에 결합하는 단어의 첫 소리가 된소리나 거센소리일 때에는 사이시옷을 적지 않는다. '맥주 + 집'은 한자어와 순우리말의 결합이고 [맥쭈찝/맥쭏찝]으로 발음이 나므로 사이시옷을 받쳐 적는다.

① 부는 → 붇는(붇다 : 분량이나 수효가 많아지다)
② 넉넉치 → 넉넉지
④ 로써 → 로서

3 ①

② 주격 조사 '가'는 16세기 후반부터 등장한다.
③ 'ㆍ'는 1933년 한글 맞춤법 통일안에 따라 사라졌다.
④ 'ㅸ'은 15세기 중반까지 사용되다가 모음 앞에서 'ㅗ/ㅜ'로 변하였다.

4 ③

두괄식 문단은 주제문이 문단 첫머리에 위치하는 것으로 지문의 주제문인 ㉢이 가장 먼저 와야 한다. ㉠㉡㉣은 ㉢을 보여주는 사례에 해당한다.

5 ③

제시된 작품은 윤동주의 '별 헤는 밤'으로 아름다운 이상세계(별)에 대한 동경과 자아성찰이 주제이다.

① 청자가 따로 설정되지 않고 독자에게 내면을 고백하는 형식이다.
② 이상향에 대한 동경이 나타나지만, 현실을 비판하고 있지는 않다.
④ 별은 화자가 지향하는 이상적인 세계라고 할 수 있다.

6 ①

①은 반의 관계에서 상호 배타적인 두 구역으로 철저히 양분되는 단어 쌍으로 상보 반의 관계이며, 나머지는 정도나 등급에서 대립을 이루고 있는 단어 쌍으로 정도 반의 관계이다.

※ 반의 관계의 성격
㉠ **상보 반의** : 상호 배타적인 두 구역으로 철저히 양분
㉡ **정도 반의** : 정도나 등급에서 대립
㉢ **방향 반의** : 맞선 방향을 전제로 하여 관계나 이동의 측면에서 대립

7 ①

제시된 단어들은 파생어이다.

① 건(접두사) + 어물 → 파생어
② 금지 + 곡 → 합성어
③ 한자 + 음 → 합성어
④ 핵 + 폭발 → 합성어

8 ④

④ 'ㅸ'은 'ㅂ' 아래 'ㅇ'을 상하로 결합하는 연서(連書)에 의한 표기이다. 동국정운식 한자음 표기에만 사용된 'ㅱ, ㆄ, ㅹ'과 달리 'ㅸ'은 순수 국어 표기에 사용되었으나 동국정운에서 채택되지 않아 초성 체계에서 제외되었다.

※ 한글 창제 당시 초성 17자

五音	기본자	가획자	이체자
아음	ㄱ	ㅋ	ㆁ
설음	ㄴ	ㄷ, ㅌ	ㄹ
순음	ㅁ	ㅂ, ㅍ	
치음	ㅅ	ㅈ, ㅊ	ㅿ
후음	ㅇ	ㆆ, ㅎ	

9 ①

예문에 나타난 오류는 대중심리에 영합해 자신의 주장을 합리화하려는 '군중에 호소하는 오류'이다.

② **무지에 호소하는 오류** : 어떤 주장에 대한 반증이 없기 때문에 그 주장을 참이라고 하거나, 어떤 주장에 대한 증거가 없기 때문에 그 주장을 거짓이라고 말하는 오류

③ **부적합한 권위에 호소하는 오류** : 적합한 권위자가 아닌 부적합한 권위자의 권위를 빌어 자신의 주장을 합리화하려는 오류

④ 논리적 오류가 나타나지 않는다.

10 ④

제시문은 채만식의 '치숙'의 일부이다. 이 글의 서술자 '나'는 조선인으로서 정체성을 부정하고 일본인처럼 살고자 한다. 이러한 설정은 독자로 하여금 서술자를 신뢰할 수 없게 만들며, 비판적으로 바라보게 한다.

11 ①

㉠ **가물에 도랑 친다** : 한창 가물 때 애쓰며 도랑을 치느라고 분주하게 군다는 뜻으로, 아무 보람도 없는 헛된 일을 하느라고 부산스레 굶을 비유적으로 이르는 말

㉡ **까마귀 미역 감듯** : 까마귀는 미역을 감아도 그냥 검다는 데서, 일한 자취나 보람이 드러나지 않음을 비유적으로 이르는 말

12 ②

② **改悛**(고칠 개, 고칠 전) : 잘못을 뉘우치고 마음을 바르게 고쳐먹음

① **陶冶**(질그릇 도, 풀무 야) : 훌륭한 사람이 되도록 몸과 마음을 닦아 기름

③ **殺到**(빠를 쇄, 이를 도) : 세차게 몰려듦

④ **汨沒**(빠질 골, 가라앉을 몰) : 다른 생각을 할 여유 없이 한 일에만 온 정신을 쏟음

13 ③

㉢ 의존명사 '년'은 원칙적으로는 띄어 쓰지만 숫자 뒤에 붙는 경우 붙여 쓸 수 있다. '동안'은 명사로 띄어 쓴다.

㉠ 창 밖 → 창밖(합성어)

㉡ 우단천 → 우단 천

㉣ 일 밖에 → 일밖에(밖에 : 조사)

14 ③

㉠㉡㉣의 주어는 '환자'이고, ㉢의 주어는 '우리'이다.

15 ②

㉡ 「님의 침묵」 1926년, KAPF 1925년 결성

㉣ 「기상도」 1936년, 모더니즘 시운동 1930년대

㉢ 「초토의 시」 1956년, 한국전쟁 1950년대

㉠ 「농무」 1973년

16 ②

• 굼적대다(=굼적거리다) : 몸이 둔하고 느리게 자꾸 움직이다. 또는 몸을 둔하고 느리게 자꾸 움직이다.

• 금실대다(=금실거리다) : 느리고 폭이 넓게 자꾸 물결치다.

17 ②

② 사고 - 思考(생각할 사, 상고할 고 : 생각하고 궁리함)

① 토의 - 討議(칠 토, 의논할 의 : 어떤 문제에 대하여 검토하고 협의함)

③ 선택 - 選擇(가릴 선, 가릴 택 : 여럿 가운데서 필요한 것을 골라 뽑음)

④ 준거 - 準據(준할 준, 근거 거 : 일정한 기준에 의거함)

18 ④

① ㄱ → ㅇ(비음화 : 대치)

② ㄴ → ㄹ(유음화 : 대치)

③ ㄱ → ㄲ(경음화 : 대치)

④ ㄴ첨가(합성어 및 파생어에서 앞 단어나 접두사의 끝이 자음이고 뒤 단어나 접미사의 첫 음절이 '이, 야, 여, 요, 유'인 경우에는 'ㄴ' 소리를 첨가하여 [니, 냐, 녀, 뇨, 뉴]로 발음한다)

19 ②

첫 문장에서 인간사와 자연사의 차이를 언급한 후 '그런데'로 이어지는 둘째 문장에서 첫 문장과 반대되는 의견을 진술한다. 따라서 ㉠에는 인간사와 자연사를 이분법적 대립 구도로 파악하는 것은 옳지 않다는 내용이 들어가고, 뒤로 인간사와 자연사의 변증법적 지양과 일여한 합일을 지향했다는 내용이 이어지는 것이 자연스럽다.

20 ④

제시된 작품은 법정스님의 '거꾸로 보기'이다. 이 글은 '갑자기 산이 달리 보였다' 이후가 주된 내용으로 새로운 시각을 통해 사물을 보는 것의 중요성을 이야기하고 있다.

2017. 12. 16 | 지방직 추가선발 시행

1 ④

④ **제원**(諸元) : 기계류의 치수나 무게 따위의 성능과 특성을 나타낸 수적 지표

① **괴념 → 괘념**(掛念) : 마음에 두고 걱정하거나 잊지 않음

② **발체 → 발췌**(拔萃) : 책, 글 따위에서 필요하거나 중요한 부분을 가려 뽑아냄. 또는 그런 내용

③ **와훼 → 와해**(瓦解) : 기와가 깨진다는 뜻으로, 조직이나 계획 따위가 산산이 무너지고 흩어짐. 또는 조직이나 계획 따위를 산산이 무너뜨리거나 흩어지게 함

2 ③

③ 남편의 누나, 즉 손위 시누이를 이르거나 부르는 말은 '형님'이다. 참고로 손아래 시누이를 이르거나 부르는 말은 '아가씨'이다.

① 남편과 항렬이 같은 사람 가운데 남편보다 나이가 많은 남자를 이르거나 부르는 말은 '아주버니'이다.

② 아내가 시부모나 친정 부모 앞에서 남편을 이르는 말은 '아비', '아범', '그이' 등이 있다.

④ 부인(夫人)은 남의 아내를 높여 이르는 말이다. 남에 대하여 자기 아내를 겸손하게 이르는 말은 '집사람'으로, '아내', '안사람' 등으로 쓸 수 있다.

3 ④

④ 세 번째 문단 후반부에서 '개인적 계몽에 성공한 이들에게 자신의 생각을 표현하고 발표하는 자유가 주어진다면 계몽 정신은 자연스레 널리 전파될 것이고 사람들은 독립에의 공포심에서 벗어나 스스로 생각하는 성년 단계로 진입하게 될 것'이라고 언급하였다.

4 ②

② 마지막 연에서 보면 화자는 결별의 슬픔을 영혼이 성숙하는 계기로 삼고 있음을 알 수 있다.

5 ③

① 얽히고 설켜서 → 얽히고설켜서(얽히고설키다 : 가는 것이 이리저리 뒤섞이다. 또는 관계, 일, 감정 따위가 이리저리 복잡하게 되다.)

② 알아 주는 → 알아주는(알아주다 : 남의 사정을 이해하다. 남의 장점을 인정하거나 좋게 평가하여 주다. 또는 어떤 사람의 특이한 성격을 다른 사람들이 인정하다.)

④ 속절 없는 → 속절없는(속절없다 : 단념할 수밖에 달리 어찌할 도리가 없다.)

6 ②

② **방약무인**(傍若無人) : 곁에 사람이 없는 것처럼 아무 거리낌 없이 함부로 말하고 행동하는 태도가 있음

7 ③

㉢ lobster : 랍스터, 로브스터

㉤ container : 컨테이너

8 ③

㉢ 태도(態 모양 태, 度 법도 도)

㉠ 열악(劣 못할 열, 惡 악할 악)

㉡ 경의(敬 공경할 공, 意 뜻 의)

㉣ 귀감(龜 거북 귀, 鑑 거울 감)

9 ①

① **揭揚**(게양) : 기(旗) 따위를 높이 걺

② **設置**(설치) : 베풀어서 둠

③ **記錄**(기록) : 주로 후일에 남길 목적으로 어떤 사실을 적음. 또는 그런 글

④ **帶同**(대동) : 어떤 모임이나 행사에 거느려 함께 함

10 ③

㈐ 화제 제시 → ㈒ ㈐의 이유 → ㈑ 화제 전환(역접) → ㈏ ㈐의 행복과 ㈑의 행복에 대한 비교 → ㈎ 결론

11 ④

- ㉠ 앞에서 언급한 '판에 박은 일상사'에 대한 예가 ㉠ 뒤에 이어지고 있으므로 '예를 들면'이 적절하다.
- ㉡ 앞에서는 '타이타닉 호가 전 세계'라는 점을 전제로 성립하는 논리에 대해 언급하고 있다. ㉡ 뒤에서 앞의 언급과 상반되는 '타이타닉 호의 바깥'에 존재하는 바다와 빙산에 대한 내용이 자연스럽게 이어지기 위해서는 역접 접속사인 '그렇지만'이 와야 한다.
- ㉢ 앞에서 언급한 문장을 다른 비유를 통해 재진술하고 있으므로 '말하자면'이 와야 한다.

12 ②

② ㉡은 상반되는 앞뒤 내용을 자연스럽게 연결해 주지 못하므로 '그러나' 등의 역접 접속사로 바꾼다.

13 ④

18~19세기에서 20세기로 시대적 변천 양상을 살피면서, 현재의 모순과 문제를 파헤치고 이를 개혁하여 새로운 미래로 나아가야 한다는 바람직한 방향을 제시하고 있다.

14 ①

① '아아, 미타찰에서 만날 나/도 닦아 기다리겠노라'에서 보면 시적 대상과의 재회에 대한 소망을 담고 있다.
② 반어적 표현은 나타나지 않았다.
③ 누이의 죽음에 대한 슬픔과 재회를 소망하는 것으로 보아 세속의 인연에 미련을 두지 않은 구도자의 제세를 드러내고 있다고 보기 어렵다.
④ 누이의 죽음에 대한 안타까움→인생무상→종교적 기원을 통한 재회의 소망의 3단 구성으로 되어 있다. '가을 이른 바람에 이에 저에 떨어질 잎'은 누이의 죽음을 비유한 것으로 '객관적 서경 묘사'로 볼 수 없다.

15 ②

'반영하기'는 상대의 생각을 수용하고 상대의 현재 상태에 감정 이입을 하여 의미를 재구성하는 방법이다. 아이는 시험을 앞에 두고 치과에 가기 싫어하고 있으므로 이에 대한 반영하기로는 ②가 적절하다.

16 ③

③의 '-음'은 그 말이 명사 구실을 하게 하는 어미인 '명사형 전성어미'이고, ①②④의 '-음'은 명사를 만드는 접미사인 '명사화 파생 접미사'이다. 명사형 전성어미(서술기능 있음)와 명사화 파생 접미사(서술기능 없음)는 서술어의 기능을 가졌는가의 여부로 판단한다.

17 ②

② ㉠과 ㉡은 앞에서 이미 말하였거나 나온 바 있는 사람을 도로 가리키는 3인칭 대명사이다.

18 ①

② 단일한 시간과 공간을 기준으로 대상을 파악하는 것은 ㉠이다.
③ 대상을 있는 그대로 묘사하는 것이 회화의 목적이라고 여기는 것은 ㉠이다.
④ 원근법적인 형태 묘사를 택한 것은 ㉠이다.

19 ②

② 두 번째 문단에서 '는, 을'과 같은 조사는 '홀로 쓰이지 못하고 반드시 체언 등에 붙어서만 쓰인다.'고 언급하며 '이런 까닭으로 국어의 조사를 단어로 인정하기도 하고 인정하지 않기도 한다.'고 하였다.

20 ④

④ 뒤로 이어지는 '쓸데없는 짓이었다. 떠든다고 해결될 문제는 아니었다.'로 미루어 보아 ㉣이 주민들의 노력으로 삶이 개선될 것임을 암시한다고 볼 수는 없다.

2018. 3. 24 | 제1회 서울특별시 시행

1 ②

② 음절 말에서는 두 개의 자음이 발음될 수 없다. 음절의 끝소리가 'ㄱ, ㄴ, ㄷ, ㄹ, ㅁ, ㅂ, ㅇ' 중 하나로 변하여 발음되는 현상을 음절의 끝소리 규칙이라고 한다. '값'은 [갑]으로 발음된다.

2 ①

① 로마자 표기는 발음에 따라 적는 것을 원칙으로 한다. 종로[종노] → Jongno

3 ②

② 맞혀 → 맞춰, 맞추어
- 맞추다 : (주로 '보다'와 함께 쓰여) 둘 이상의 일정한 대상들을 나란히 놓고 비교하여 살피다.
- 맞히다 : '맞다'의 사동사

4 ③

③ 중세국어 표기법은 소리 나는 대로 적는 표기를 원칙으로 하여 이어적기를 하므로 '쟝긔파ᄂᆞᆯ 밍ᄀᆞ러ᄂᆞᆯ'로 적어야 한다.

5 ③

㈏에서 언급한 '좌안을 그리면 왼쪽에 이목구비가 몰려 있어 이들을 그리고 난 후 자연스럽게 오른쪽으로 이동하면서 ~'로 볼 때 ㉢이다.

6 ①

① 사랑하는 임의 안위에 대해 걱정하는 부분은 나타나지 않았다.
② 초장에서 추상적인 시간을 구체화하여 제시하고 있다.
③ 서리서리, 구뷔구뷔 등 의태어를 사용하여 생동감을 자아내고 있다.
④ 종장에서 화자의 소망이 드러나고 있다.

[현대어 풀이]

동짓달 기나긴 밤을 한 허리를 베어 내어
춘풍 이불 아래 서리서리 넣었다가
정든 임 오신 날 밤이면 굽이굽이 펴리라

7 ④

① **모골**(毛骨) : 털과 뼈를 아울러 이르는 말
송연(悚然/竦然) : 송연하다(두려워 몸을 옹송그릴 정도로 오싹 소름이 끼치는 듯하다)의 어근
② **도대체**(都大體) : 1. 다른 말은 그만두고 요점만 말하자면 / 2. 유감스럽게도 전혀/ 3. 전혀 알지 못하거나 아주 궁금하여 묻는 것인데
③ **매사**(每事) : 하나하나의 모든 일(명사), 하나하나의 일마다(부사)

8 ①

'아름다운'은 '서울', '서울의 공원', '거리의 나무'를 수식할 수 있다.
① '봄꽃'은 수식하지 않는다.

9 ②

〈보기〉는 전제를 두 가지로 제한해 다른 해석 자체를 받아들이지 않는 흑백논리의 오류를 범하고 있다.
① 성급한 일반화의 오류
③ 순환논증의 오류
④ 원칙 혼동의 오류

10 ④

〈보기〉는 이근삼의 희곡인 「원고지」(1960)이다. 이 작품은 반복되는 일상 속에서 진정한 삶의 의미를 망각하고 방향감각과 도덕적 판단을 상실한 채 일상에 매몰되어 살아가는 현대인의 모습을 풍자한 부조리극이다.

11 ③

① 왜냐하면 한국이 빠른 속도로 경제적 발전을 이루었기 때문이다.
② 그 사람이 우리에게 중요한 까닭은 우리의 합격을 도와주었기 때문이다.
④ 학계에서는 국어 문법에 관심을 가지고 ~를 조명해 나가면서 근대 국어에도 관심을 보이기 시작했다.

12 ④

두 번째 문단 첫 문장인 '그렇다면 홍명희는 왜 소설 『임꺽정』에서 그를 의적으로 그렸을까?'와 뒤에 이어진 문장으로 미루어 보아 ④가 적절하다.

13 ①

② '시(접두사) + 누이'는 접두파생명사이고, '선생 + 님(접미사)'은 접미파생명사이다.
③ '빗(접두사) + 나가다'와 '공부 + 하다(접미사)'는 파생어이다.
④ '한(접두사) + 여름'은 파생어이다.

14 ③

③ **前虎後狼**(전호후랑) : 앞문에서 호랑이를 막고 있으려니까 뒷문으로 이리가 들어온다는 뜻으로, 재앙이 끊일 사이 없이 닥침을 비유적으로 이르는 말
① **捲土重來**(권토중래) : 땅을 말아 일으킬 것 같은 기세로 다시 온다는 뜻으로, 한 번 실패하였으나 힘을 회복하여 다시 쳐들어옴을 이르는 말
② **緣木求魚**(연목구어) : 나무에 올라가서 물고기를 구한다는 뜻으로, 도저히 불가능한 일을 굳이 하려 함을 비유적으로 이르는 말
④ **天衣無縫**(천의무봉) : 천사의 옷은 꿰맨 흔적이 없다는 뜻으로, 일부러 꾸민 데 없이 자연스럽고 아름다우면서 완전함을 이르는 말

[현대어 풀이]

나무도 바윗돌도 없는 산에 매한테 쫓기는 까투리의 마음과,
대천 바다 한가운데 일 천 석 실은 배에 노도 잃고 닻도 잃고 용총(돛대의 줄)도 끊어지고 돛대도 꺾이고 키도 빠지고 바람 불어 물결 치고 안개 뒤섞여 잦아진 날에 갈 길은 천리만리 남았는데 사면이 검어 어둑하게 저물어 천지 적막하고 사나운 파도치는데 해적 만난 도사공의 마음과,
엊그제 임과 이별한 내 마음이야 어디에다 비교하리요.

15 ②

문맥의 흐름상 ㉠ 이론, ㉡ 현실이 가장 적절하다.

- 이론 : 사물의 이치나 지식 따위를 해명하기 위하여 논리적으로 정연하게 일반화한 명제의 체계
- 현실 : 현재 실제로 존재하는 사실이나 상태
- 경험 : 자신이 실제로 해 보거나 겪어 봄. 또는 거기서 얻은 지식이나 기능

16 ②

② '자립형태소'는 다른 말에 의존하지 아니하고 혼자 쓸 수 있는 형태소이다. 동사의 어간은 스스로 실질적인 단어이므로 '실질형태소'이지만, 혼자 쓸 수 없으므로 '자립형태소'는 아니다.

17 ④

㉠ **決濟**(결제) : 일을 처리하여 끝을 냄
㉡ **火葬**(화장) : 시체를 불에 살라 장사 지냄
㉢ **模寫**(모사) : 1. 사물을 형체 그대로 그림. 또는 그런 그림/ 2. 원본을 베끼어 씀

18 ④

④ **겸** : (어미 '-을' 뒤에 쓰여) 두 가지 이상의 동작이나 행위를 아울러 함을 나타내는 말 → 의존 명사
① **비교적** : 일정한 수준이나 보통 정도보다 꽤 → 부사
② **아니** : (명사와 명사 사이에 쓰이거나, 문장과 문장 사이에 쓰여) 어떤 사실을 더 강조할 때 쓰는 말 → 부사
③ **보다** : 어떤 수준에 비하여 한층 더 → 부사

19 ①

〈보기〉는 「심청전」의 일부이다. 전지적 작가시점으로 서술자가 개입하여 자신의 견해를 나타내고 있다.

20 ③

③ '건강하지를'에 '를'은 조사 '에, 으로', 연결 어미 '-아, -게, -지, -고', 받침 없는 일부 부사 뒤에 붙어 강조하는 뜻을 나타내는 보조사이다. '아이들이 건강하지가 않다'는 내용으로 '건강하지'가 '않다'의 주어에 해당한다.

2018. 4. 7 | 인사혁신처 시행

1 ②

① Dokdo

③ Dongnimun

④ 발음상 혼동의 우려가 있어서 사용된 것이 아니다. '도, 시, 구, 군, 읍, 면, 리, 동'의 행정 구역 단위와 '가'는 각각 'do, si, gun, gu, eup, myeon, ri, dong, ga'로 적고, 그 앞에는 붙임표(-)를 넣는다.

2 ③

두 번째 문단 마지막에서 '언간은 특정 계층에 관계없이 남녀 모두의 공유물이었다고 할 수 있다.'라고 마무리하고 있다. 따라서 이 글의 중심 내용은 ③이다.

3 ③

③ '-면서'는 '두 가지 이상의 움직임이나 사태 따위가 동시에 겸하여 있음을 나타내는 연결 어미' 또는 '두 가지 이상의 움직임이나 사태가 서로 맞서는 관계에 있음을 나타내는 연결 어미'로 두 동작의 동시성을 나타낸다. '멈추다'와 '달려왔다'는 동시에 일어날 수 없으므로 '-고'로 바꿔 쓴다.

4 ③

글은 내가 수학 시간이 즐거운 이유를 설명하고 있다. ㉢은 글의 흐름상 적정하지 않는다.

5 ③

① ㈏의 달은 임에게 마음을 전달하는 매개체가 아니다.

② ㈏의 '아리따운 아가씨'는 화자가 관찰하는 대상이다.

④ ㈎의 '장천'은 화자가 임에게 마음이 전달되기를 바라는 공간이다.

6 ④

① '안온하다'는 '조용하고 편안하다'는 뜻이다. 대합실의 상황은 안온하지 않다.

② 대조적 색체 이미지를 사용했지만, 눈 오는 겨울 풍경의 서정적 정취를 강조하고 있지는 않다.

③ 막차를 기다리는 사람들과 대합실의 모습을 묘사하고 있다. 비관적 심리와 무례한 행동을 묘사하는 장면이 아니다.

7 ④

④ 장인과 소작인들 사이의 뒷거래 장면을 묘사하여 제시하고 있지는 않다.

① 마름의 특성을 동물의 외양에 빗대어 낮잡아 표현하였다. →'생김 생기길 호박개 같아야 쓰는 거지만'

② 비속어와 존칭어를 혼용하여 해학적 표현을 구사했다. →'이놈의 장인님은'

③ '우리 장인님은 ~ 손버릇이 아주 못됐다', '사위에게 이 자식 저 자식 ~', '조그만 아이들까지도 ~ 인심을 잃었다', '장인께 닭 마리나 ~ 그 땅을 슬쩍 돌아앉는다' 등 여러 정황을 거론하며 장인의 됨됨이가 마땅치 않음을 드러냈다.

8 ④

④ **협상** : 어떤 목적에 부합되는 결정을 하기 위하여 여럿이 서로 논의함

① **협찬** : 힘을 합하여 도움, 어떤 일 따위에 재정적으로 도움을 줌

② **협주** : 독주 악기와 관현악이 합주하면서 독주 악기의 기교가 돋보이게 연주함

③ **협조** : 힘을 보태어 도움

9 ①

① **교정(校訂)** : 남의 문장 또는 출판물의 잘못된 글자나 글귀 따위를 바르게 고침

② **교차(交差)** : 벼슬아치를 번갈아 임명함
교차(交叉) : 서로 엇갈리거나 마주침

③ **결제(決濟)** : 일을 처리하여 끝을 냄
결재(決裁) : 결정할 권한이 있는 상관이 부하가 제출한 안건을 검토하여 허가하거나 승인함

④ **제고(提高)** : 쳐들어 높임
재고(再考) : 어떤 일이나 문제 따위에 대하여 다시 생각함

10 ②

애매어의 오류란 두 가지 이상의 의미를 가진 말을 동일한 의미의 말인 것처럼 애매하게 사용하거나 이해함으로써 생기는 오류다. ②는 '부패'를 동일한 의미로 사용해 잘못된 결론을 내리고 있다.
③ 분해의 오류의 예시로 적절하다.
④ 결합의 오류의 예시로 적절하다.

11 ③

제시된 글은 문학이 구축하는 세계는 실제 생활과 다르다는 주장을 뒷받침하기 위해 건축가가 집을 짓는 내용을 유추하여 설명하고 있다.
① 비교 ② 분석 ③ 유추 ④ 예시

12 ③

'고갱은 그가 본 인생과 예술 전부에 대해 철저하게 불만을 느꼈다. 그는 더 단순하고 솔직한 어떤 것을 열망했고 그것을 시인들 속에서 발견할 수 있으리라고 기대했다'고 했으므로 ③은 적절하지 않다.

13 ②

② 제3장. '제-'는 접두사이므로 붙여 써야 한다.

14 ①

① 깎는→[깍는](음절의 끝소리 규칙)→[깡는](비음화) : 교체
② 깎아→[까까] : 연음
③ 깎고→[깍고](음절의 끝소리 규칙)→[깍꼬](된소리되기) : 교체
④ 깎지→[깍지](음절의 끝소리 규칙)→[깍찌](된소리되기) : 교체

15 ②

② 포스트휴먼이 인간의 신체적 결함을 다양한 과학 기술을 이용해 보완하여 기술적 한계를 극복한 것은 맞지만, 그 형태는 인간형으로 귀결되는 것이 아니라 인공지능일 수도, 슈퍼컴퓨터 안의 업로드의 형태일 수도 있으며, 생물학적 인간에 대한 개선들이 축적된 결과일 수도 있다.

16 ①

① '크다/작다'는 크지도 작지도 않은 중간항이 존재하는 정도 반의어이다.

17 ④

① '이'는 '사람'을 의미하는 명사다.
② '뵈아시니'에서 주체 높임 선어말 어미는 '-시-'이다
③ '하딕'의 뜻은 '많지만'이므로 이유를 나타내는 연결 어미는 아니다.

18 ②

① 점차 제례 음식으로서의 위상을 잃었다고 했으므로 제수 음식으로서의 명맥을 유지하고 있다는 내용은 옳지 않다.
③ 글의 내용과 부합하지 않는다.
④ 점술가의 예언 덕분에 신라가 크게 발전한 것은 아니다.

19 ③

㉢ 성진이 꿈을 꾸기 전이므로 가장 과거이다.
㉣㉡ 성진이 '양소유'가 되어 꿈을 꾸는 부분에 해당하므로 ㉢ 뒤에 와야 한다.
㉠ 현재에 해당한다.

20 ①

② 꿈에서 깰 때 까지도 "사부는 어찌 소유를 정도로 인도하지 않고 환술로 희롱하나뇨?"라고 했으므로 현 상황을 인식하지 못하고 있음을 알 수 있다.
③ 여덟 낭자가 사라지고 난 뒤의 심정은 나와 있지 않다.
④ 능파 낭자와 어울려 놀던 죄를 징벌한 이의 주체는 나와 있지 않다.

2018. 5. 19 | 제1회 지방직 시행

1 ④

밑줄 친 부분은 '여럿 중에 하나를 꼭 집어 가리키다'의 뜻으로 쓰였다. 따라서 ④와 같은 의미다.

① 손으로 이마나 머리 따위를 가볍게 눌러 대다.
② 바닥이나 벽, 지팡이 따위에 몸을 의지하다.
③ 상황을 헤아려 어떠할 것으로 짐작하다.

2 ②

사동법은 문장의 주체가 자기 스스로 행하는 것이 아니라 남으로 하여금 어떤 동작이나 행동을 하게 하는 방법이다. '-시키다'는 사동의 뜻을 더하고 동사를 만드는 접미사이다.

② 문장에서 생략된 주어가 '아이'로 하여금 '입원'을 하게 한 문장이므로 사동법이 바르게 쓰였다.
① 소개시켰다 → 소개했다
③ 설득시킨다 → 설득한다
④ 해소시킨다 → 해소한다

3 ②

② 자신이 범한 과오를 감추고 잘못을 드러내는 것이 간악함이 일어나기 쉬운 것이라는 내용은 나타나 있지 않다.

4 ④

④ 시간의 순서에 따라 제재가 배열되어 있지 않다.

※ 박목월, 『청노루』
㉠ 성격 : 낭만적, 서경적, 전통적, 관조적, 향토적
㉡ 어조 : 담담하게 찬탄하는 어조
㉢ 심상 : 묘사에 의한 심상 제시
- 정적(靜的)심상 : 청운사, 기와집, 자하산
- 동적(動的)심상 : (녹는) 봄눈, (피어나는) 속잎, (내려오는) 청노루
- 정중동(靜中動)의 심상 : 제4연

㉣ 시상 전개 : 시선의 이동(원근법) – 원경에서 근경(내경)으로
㉤ 주제 : 봄의 정경과 정취

5 ③

③ 왕자는 관상을 보는 사람이 황제를 설득하기 위해 인용한 말이다.

6 ④

㈎ 도입 →㈑ ㈎에서 언급된 내용을 인간으로 범위를 좁혀 서술→㈐ 기술에 대한 분석→㈏ 지혜에 대한 정의

7 ②

② 무스가 소화를 잘 시키기 위해 식물을 가려먹는 습성이 있다는 것은 지문에 나와 있지 않다.

8 ①

㈎ 흥부전 ㈏ 정훈, 「탄궁가」
㈎는 판소리계 소설로 운율감이 있을 수는 있지만, 규칙적인 리듬이 느껴지는 글은 아니다.

9 ①

제시된 글은 정철의 「훈민가」 8조목 鄕閭有禮(향려유례)로 사람으로서의 도리를 다할 것을 강조하는 시조이다.

② 相扶相助(상부상조) : 서로서로 도움
③ 兄友弟恭(형우제공) : 형제끼리 우애가 깊음
④ 子弟有學(자제유학) : 자녀들에 대한 학문의 권장

10 ①

- 改善(고칠 개, 착할 선) : 잘못된 것이나 부족한 것, 나쁜 것 따위를 고쳐 더 좋게 만듦
  改選(고칠 개, 가릴 선) : 의원이나 임원 등이 사퇴하거나 그 임기가 다 되었을 때 새로 선출함
- 通貨(통할 통, 재물 화) : 유통 수단이나 지불 수단으로서 기능하는 화폐
  通話(통할 통, 말할 화) : 전화로 말을 주고받음

11 ③

③ 제시된 글에 따르면 동조는 자신의 평소 신념에 어긋나는 행동을 하도록 하는 것이다. 또한 동조는 조직의 결속력이 더 크게 작용한다. 따라서 갑순이는 글의 내용을 잘못 이해하고 있다.

12 ③

① 교사는 더 큰 갈등을 막고, 문제를 해결하는 것에 주력하고 있다.

② 학생1은 문제가 발생한 상황과 원인을 잘 설명하고 있다.

④ 학생3이 한 말은 문제를 해결하기 위한 대화에 부합한다.

13 ③

③ 직접 발화에 해당하므로 맥락에 의해 파악될 수 있는 말이 아니다.

※ 직접 발화와 간접 발화

직접 발화	간접 발화
• 문장 유형과 발화 의도가 일치한다. • 맥락보다 의도가 우선적으로 고려된다. • 화자의 의도가 직접적으로 표현된다. 예) 창문 좀 열어라.	• 문장 유형과 발화 의도가 불일치한다. • 의도를 맥락에 맞춰 표현한다. • 화자의 의도가 간접적으로 표현된다. 예) 방이 너무 더운 것 같구나.

14 ③

③ 저 집은 부부 간에 금실이 좋아. → 저 집은 부부간에 금실이 좋아.

15 ④

④ '-며'는 두 가지 이상의 동작이나 상태 따위를 나열할 때 쓰는 연결 어미이고, '-되'는 어떤 사실을 서술하며 그와 관련된 조건이나 세부 사항을 뒤에 덧붙이는 뜻을 나타내는 연결 어미이다. 따라서 제시된 문장을 그대로 사용하는 것이 적절하다.

16 ②

② 지붕은 명사 '집'에 명사 파생 접미사 '-웅'이 붙어 다른 뜻의 명사가 된 것이므로 ㈑의 설명에 해당한다.

17 ②

② 'ㅁ'은 순음(脣音) / 불청불탁(울림소리)이고, 'ㅅ'은 치음(齒音) / 전청(예사소리)이다. 따라서 'ㅁㅅ' 칸은 조음 위치와 조음 방식의 양면을 모두 고려하여 같은 성질의 소리끼리 묶은 것이라고 할 수 없다.

① 'ㅅ'은 'ㅈ, ㅊ'과 마찬가지로 치음(齒音)이다.

③ 가획의 원리에 따르면 기본자 'ㄴ'에 가획하여 'ㄷ'과 'ㅌ'을 만들었다. 'ㄷㅌ'과 'ㄴㄹ' 칸은 가획 등의 원리에 따른 제자 순서보다 소리의 유사성을 중시하여 전청과 차청인 'ㄷ'과 'ㅌ'을 함께 배치하고, 불청불탁인 'ㄴ'과 'ㄹ'을 함께 배치한 것이다.

④ 'ㆁ'은 'ㄱ, ㅋ'과 마찬가지로 아음(牙音)이다.

18 ①

① 제시된 글은 전지적 작가 시점으로 서술자는 '덕기'의 시선을 빌려 이야기를 전개하고 있다.

19 ④

④ "높은 곳의 구름은 멀리를 바라보고, 낮은 곳의 산은 세심히 보듬는다네."에서 대구 표현을 찾을 수 있다. 또한 새들의 대화에서 삶에 대한 통찰을 우의적으로 표현하고 있다.

①③ 대구 기법이 드러나 있지 않다.

② 삶에 대한 통찰이 우의적으로 표현되지 않고, 직접적으로 나타나 있다.

20 ①

'사적으로 글을 쓸 경우 작가는 이야기꾼, 음유 시인, 극작가들과 달리 청중들로부터 아무런 즉각적 반응도 얻을 수 없다'고 했으므로 ①은 적절하지 않다.

2018. 6. 23 | 제2회 서울특별시 시행

1 ④

④ 덩쿨 → 덩굴, 넝쿨(복수표준어)

2 ①

② '-되어지다'는 피동의 뜻을 더하고 동사를 만드는 접미사 '-되다'와 '-어지다'의 이중피동이다. → 경쟁력 강화와 생산성의 향상을 위해 경영 혁신이 요구된다.

③ 주술 호응이 잘못되었다. → 이것은 아직도 한국 사회가 무사안일주의를 벗어나지 못했다는 생각을 들게 한다.

④ '티켓 가능성' 사이에 티켓과 호응하는 서술어가 빠진 문장이다. → 냉정하게 전력을 평가해 봐도 한국이 자력으로 16강 티켓을 획득할 가능성은 높은 편이다.

3 ②

② 박경리의 『토지』는 구한말의 몰락으로부터 일제강점기에 이르기까지 새로운 시대에 이르는 과정을 지주계층이었던 최씨 일가의 가족사를 중심으로 폭넓게 그려내고 있는 소설이다.

① 손창섭의 『비오는 날』은 6 · 25 직후의 부산을 배경으로 하여 동욱 남매의 불행을 그린 작품이다.

③ 장용학의 『요한시집』은 전쟁포로가 된 주인공이 거제도 포로수용소의 철조망에 목을 매어 죽기까지를 등장인물의 의식을 중심으로 서술한 작품이다.

④ 박완서의 『엄마의 말뚝』은 세 편으로 구성된 단편 연작으로 「엄마의 말뚝 2」는 6 · 25전쟁의 참변 속에 외아들을 잃고 그 상처를 평생의 한으로 지니고 사는 어머니의 자화상을 그린 작품이다.

4 ③

③ 물도 가다 구비를 친다. : 사람의 한평생에는 전환기가 있기 마련임을 이르는 말이다.

① 달도 차면 기운다. : 세상의 온갖 것이 한번 번성하면 다시 쇠하기 마련임을 이르는 말이다.

② 열흘 붉은 꽃이 없다. : 부귀영화란 일시적인 것이어서 그 한때가 지나면 그만임을 비유적으로 이르는 말이다. = 봄꽃도 한때

④ 꽃이 시들면 오던 나비도 안 온다. : 사람이 세도가 좋을 때는 늘 찾아오다가 그 처지가 보잘것없게 되면 찾아오지 아니함을 비유적으로 이르는 말이다. = 꽃이라도 십일홍(十日紅)이 되면 오던 봉접도 아니 온다.

5 ②

② 두 번째 문단 첫 머리에서 '인디언들이 죽은 주된 요인은 구세계의 병원균'이었고, '인디언들은 그런 질병에 노출된 적이 없었으므로 면역성이나 유전적인 저항력이 전혀 없었다'고 언급하고 있다.

① 유럽은 구세계였고, 아메리카는 신세계였다.

③ 만단족 인디언들의 인구 감소는 세인트루이스에서 미주리 강을 타고 거슬러 올라온 한 척의 증기선 때문에 걸린 천연두 때문이었다.

④ 콜럼버스 이전에 북아메리카에는 약 2000만 명에 달하는 인디언들이 있었다.

6 ③

③ **교각살우**(矯角殺牛) : 소의 뿔을 바로잡으려다가 소를 죽인다는 뜻으로, 잘못된 점을 고치려다가 그 방법이나 정도가 지나쳐 오히려 일을 그르침을 이르는 말

① **개과불린**(改過不吝) : 허물을 고침에 인색하지 않음을 이르는 말

② **경거망동**(輕擧妄動) : 가볍고 망령되게 행동한다는 뜻으로, 도리나 사정을 생각하지 아니하고 경솔하게 행동함을 이르는 말

④ **부화뇌동**(附和雷同) : 우레 소리에 맞춰 함께한다는 뜻으로, 자신의 뚜렷한 소신 없이 그저 남이 하는 대로 따라가는 것을 이르는 말

7 ③

- 꽃내음 → [꼳내음](음절의 끝소리 규칙) → [꼰내음](비음화)
- 바깥일 → [바깓일](음절의 끝소리 규칙) → [바깓닐](ㄴ첨가) → [바깐닐](비음화)
- 학력 → [항녁](비음화)

8 ③

③ 그 아이는 열을 배우면 백을 안다. → 수사(조사 '을' 결합)
열 사람이 백 말을 한다. → 관형사(체언 '말' 수식)

9 ④

④ 민중문학에 대한 논의가 활발하게 전개된 것은 1970년대 한국 문학의 특징이다.

10 ①

㉠ 밭을 → [바틀](연음 : 앞 음절의 끝 자음이 모음으로 시작되는 뒤 음절의 초성으로 이어져 나는 소리)
㉡ 밭만 → [받만](음절의 끝소리 규칙) → [반만](비음화)
㉢ 밭 → [받](음절의 끝소리 규칙)
㉣ 밭이 → [바치](구개음화 : 끝소리가 'ㄷ', 'ㅌ'인 형태소가 모음 'ㅣ'나 반모음 'ㅣ[j]'로 시작되는 형식 형태소와 만나면 그것이 구개음 'ㅈ', 'ㅊ'이 되거나, 'ㄷ' 뒤에 형식 형태소 '히'가 올 때 'ㅎ'과 결합하여 이루어진 'ㅌ'이 'ㅊ'이 되는 현상)

11 ①

〈보기〉의 첫 머리에서 도축장의 벽이 유리로 되어 있다면 모든 사람이 '채식주의자'가 될 것이라고 언급한 폴 매카트니의 말을 인용하고 있다. 여기서 '채식주의자'는 뒤에서 언급되는 비판대상인 '식육 생산의 실상', '동물을 먹는 행위', '폭력적 이데올로기'와 반대되는 것이다.

12 ②

① 화갑(華甲), 환갑(還甲), 회갑(回甲) – 61세, 진갑(進甲) – 62세
③ 백수(白壽) – 99세
④ 미수(米壽) – 88세

13 ④

① 이렇게 하면 돼? : 되- + -어 → 되어 → 돼
② 이번에는 꼭 합격할게요. : -ㄹ게(해할 자리에 쓰여, 어떤 행동에 대한 약속이나 의지를 나타내는 종결 어미)
③ 서로 돕고 사는 게 좋다. : 'ㅂ' 불규칙(어간의 끝소리 'ㅂ'이 모음 앞에서 '오/우'로 바뀌지만, 자음 앞에서는 '돕고'처럼 그대로 활용)

14 ①

① **갖은** : 골고루 다 갖춘. 또는 여러 가지의 → 관형사
② **바로** : 다름이 아니라 곧 → 부사
③ **그리고** : 단어, 구, 절, 문장 따위를 병렬적으로 연결할 때 쓰는 접속 부사 → 부사
④ **방글방글** : 입을 조금 벌리고 소리 없이 자꾸 귀엽고 보드랍게 웃는 모양 → 부사

15 ②

① **수 밖에 → 수밖에** : '밖에'는 '그것 말고는', '그것 이외에는', '기꺼이 받아들이는', '피할 수 없는'의 뜻을 나타내는 보조사 붙여 쓴다.
③ **공부 깨나 → 공부깨나** : '깨나'는 '어느 정도 이상'의 뜻을 나타내는 보조사로 붙여 쓴다.
④ **가는김에 → 가는 김에** : '김'은 '어떤 일의 기회나 계기'의 뜻을 나타내는 의존명사로 띄어 쓴다.

16 ②

작품을 대하는 독자의 수용 양상을 중시하는 관점이므로 효용론적 관점이다.

※ 작품 감상의 관전

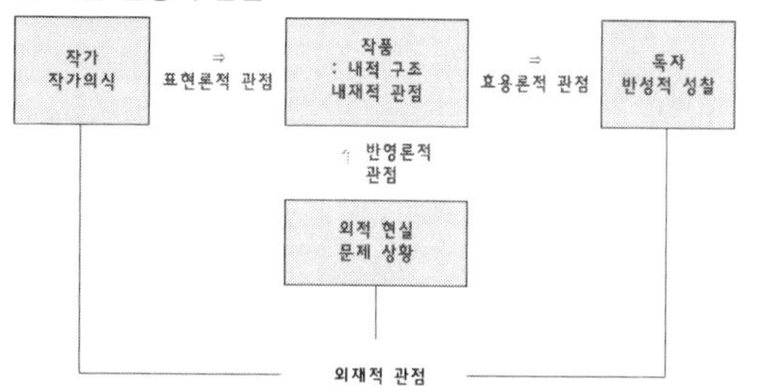

17 ①

① '주워서 버렸다'는 '줍다'와 '버리다'의 의미가 모두 살아 있으므로 '본용언 + 본용언'의 구성이다.

18 ①

〈보기〉는 '화랑도'의 정의를 통해 독자의 이해를 돕고 있다.
②③④는 나타나지 않았다.

19 ①

㉠ 삼각산, ㉡ 한강, ㉢ 고국, ㉣ 수상하니

〈보기〉는 김상헌의 시조로 병자호란 이후 청나라로 끌려가며 그 심정을 읊은 것이다.

① '삼각산'은 '북한산'이다.

20 ④

〈보기〉는 김승옥의 「무진기행」이다.

※ 「무진기행」 작품해석

㉠ **갈래** : 현대소설, 단편소설

㉡ **시점** : 1인칭 주인공 시점

㉢ **배경** : 1960년대 초, 무진

㉣ **특징**

- 서정적, 몽환적 분위기
- 감각적인 문장 구사

㉤ **주제** : 이상과 현실 사이의 갈등

2019. 4. 6 | 인사혁신처 시행

1 ②

㉠ 다르다 : 비교가 되는 두 대상이 서로 같지 아니하다. → 형용사

㉡ 크다 : 동식물이 몸의 길이가 자라다. → 동사

㉢ 나다 : 홍수, 장마 따위의 자연재해가 일어나다. → 동사

㉣ 허튼 : 쓸데없이 헤프거나 막된 → 관형사

㉤ 아니다 : ('의문형'으로 쓰여) 물음이나 짐작의 뜻을 나타내는 말. 사실을 긍정적으로 강조하는 효과가 있다. → 형용사

2 ①

② 부정 평서문이어서 조건에 맞지 않는다.

③ '야만적인'은 두발 제한 자체를 객관적으로 인식하는데 제약을 줄 수 있는 정서적 표현이다.

④ '내신 제도'와 '논술 시험' 두 가지의 쟁점을 다루고 있다.

3 ③

③ '나의 늙으신 아버지께서도 어린 시절에 저 유명한 파수꾼 이야기를 들으셨다고 합니다'는 아버지를 소개하려는 것이 아니라 파수꾼의 이야기가 그만큼 오래되고 유명하다는 것을 말하기 위해 언급된 것이다.

4 ④

④ 수빈은 정아의 입장을 고려해서 프레젠테이션에 대한 부담을 언급한 것이지 자신의 처지로 바꾸어서 의미를 재구성한 발화를 하고 있지는 않다.

① 수빈은 팀장님 질문에 대답을 못했다는 정아의 말을 반복하면서 자신이 주의 집중하고 있음을 보여 주고 있다.

② 수빈은 무슨 일이 있었는지 자세히 말해 보라며 정아가 계속 말을 할 수 있도록 격려하고 있다.

③ 수빈은 정아가 처음 하는 프레젠테이션이라 긴장을 많이 했나 보다고 위로하며 정아 스스로 감정을 정리하게끔 도와주고 있다.

5 ①

부엌일 → [부억일](교체 : 음절의 끝소리 규칙) → [부억닐](ㄴ 첨가) → [부엉닐](교체 : 비음화)

6 ④

토론은 쟁점에 대한 서로 다른 입장을 가진 사람들이 상대의 입장을 비판하거나 자신의 입장을 상대방에게 설득하기 위해 근거를 들어 말하는 논리적인 말하기이다. 사회자의 역할은 쟁점을 밝히고 앞으로 논의할 주제, 즉 논제를 제시한 후 토론이 원만하게 진행되도록 논의의 순서를 정하고 논의의 방향을 토론의 목적에 맞도록 이끌어나가는 것이다. 이 문제는 토론의 개념과 관련된 문제이니 이를 통해 문제를 해결할 수 있다.

④ 반대 측은 '학교 폭력을 방관한 학생'이라는 논제 자체에 대해 확고한 기준을 규정할 수 있는지 의문을 제기하며 자신의 주장을 강화하고 있다.

7 ④

독해력을 바탕으로 충분히 해결할 수 있는 문제이다. 골계(미)는 구체적으로 풍자와 해학으로 드러나게 된다. 풍자는 현실 비판적인 성격을 갖고 있다면, 해학을 부정적인 상황을 웃음으로 극복하는 모습을 보인다.

8 ①

문단의 구성 원리를 보면 중심 문장과 뒷받침 문장 간의 관계를 통해 중심 문장의 중심내용을 잘 이해하도록 하거나 설득할 수 있도록 글을 쓰게 되어 있다. 〈보기〉는 비유적인 내용으로, 복잡하거나 어려운 내용을 비유를 통해 이해를 도우려는 것으로 볼 수 있다. 즉, 뉴스 타전이 교회의 시간 규범을 따른다는 내용을 이해하기 쉽게 설명하기 위해 아침 기도는 아침 뉴스로, 저녁기도는 저녁 종합 뉴스로 바뀌었다고 비유하는 것이다.

9 ④

화자는 자신의 상황을 부정적으로 인식하고 있다. '축 없는 짚신', '와실', '설피설피 물러오니', '한', '한숨' 등의 시어를 통해 파악할 수 있다.

㉠ 화자가 자신이 '개'도 짖을 만큼 왜소하고 초라한 존재라고 인식하고 있음을 보여준다.

㉡ '대승'은 화자의 한을 돋우는 존재이다.

10 ②

제시된 작품은 허난설헌의 사시사 중 춘사의 일부분으로 봄날 아름다운 경치와 임을 기다리는 미인의 외로운 처지가 대조를 이루면서 주제를 부각시키고 있다.

① 琴瑟之樂(금슬지락) : 거문고와 비파의 조화로운 소리라는 뜻으로, 부부 사이의 다정하고 화목한 즐거움을 이름
② 輾轉不寐(전전불매) : 누워서 이리저리 뒤척이며 잠을 이루지 못한다는 말
③ 錦衣夜行(금의야행) : 비단옷을 입고 밤길을 다닌다는 뜻으로, 자랑삼아 하지 않으면 생색이 나지 않음 또는 아무 보람이 없는 일을 함을 이르는 말
④ 麥秀之嘆(맥수지탄) : 고국의 멸망을 한탄함을 이르는 말

[작품해설]

㉠ 갈래 : 한시, 서정시, 정형시
㉡ 성격 : 연정적, 애상적, 소망적
㉢ 주제 : 임을 그리워하는 여인의 마음
㉣ 특징
- 규방 여인의 고독과 그리움을 계절에 따라 시상을 전개함
- 춘사, 하사, 추사, 동사가 유기적으로 연결됨
- 여성 특유의 우아하고 섬세한 표현이 돋보임
- 자연물을 통해 화자의 정서를 드러냄

11 ③

③ 어머니<u>께서</u>(주체 높임법) 아주머니<u>께</u>(객체 높임법) 이 김치를 <u>드리라고</u>(객체 높임법) 하<u>셨습니다</u>(주체 + 상대 높임법).

※ 높임 표현의 종류

㉠ 주체 높임법 : 서술의 주체를 높이는 표현
- 주격 조사 '께서' 사용
- 서술어에 높임 선어말어미 '-시-' 사용
- '계시다, 잡수시다, 주무시다, 진지' 등과 같은 높임을 나타내는 특수한 어휘를 사용

㉡ 객체 높임법 : 말하는 이가 문장의 객체를 높이는 표현
- '드리다, 모시다, 여쭙다' 등의 특수한 어휘 사용
- 부사격 조사 '에게'의 높임형인 '께'를 사용

㉢ 상대 높임법 : 듣는 이를 높이거나 낮추는 높임 표현
- 높임 또는 낮춤 종결어미를 사용

12 ②

이 시의 화자가 말하고자 하는 것은 '국경, 탑, 집단, 국가, 권위'라는 것을 부정적인 요소로 인식하고 '흐르는 날새처럼' 부정적인 요소가 걷힌 세계를 꿈꾸고 있다.

② 고전적인 질서란 인위적으로 인간이 만들어낸 것으로 인간의 자유를 억압하는 요소라고 볼 수 있다.

13 ③

소설에서 서술자는 사건을 독자에게 이야기하는 사람을 가리킨다. 서술자는 사건의 전반적인 상황을 시간 순서에 따라 서술할 수도 있고 시간 순서를 뒤바꾸어 서술할 수도 있다. 또한 서술자는 인물의 성격이나 정서를 직접 서술할 수도 있고 장면을 통해 간접적으로 제시하여 독자로 하여금 상상하도록 하기도 한다. 이때 서술자가 장면에 대한 서술자의 입장으로 드러내거나 상황이나 인물을 평가하는 것을 서술자의 개입이라고 한다.

③ ㉢은 춘향이의 내면심리를 직접 서술하는 것이고 나머지는 상황에 대한 서술자의 인식이나 평가로 볼 수 있다.

14 ④

④ 동장네 절가는 신둥이개가 새끼를 밴 것을 알고 멈칫하다 빠져나갈 구멍을 내 준 할아버지 턱밑으로 얼굴을 디밀고 아저씨가 그랬냐고 질책하고 있다. 따라서 간난이 할아버지의 행동에 동조하는 것으로 보기는 어렵다.

15 ③

(가)는 당시 소설에 대한 상류층의 부정적인 인식을 보여주는 내용이고, (나)는 당시 평민 계급에서 언문 소설이 유행하고 있음을 보여주는 내용이다.

③ 누가 작품을 창작하고 있는지를 언급한 내용은 없다.

16 ③

1문단 : 고전파 음악과 바로크 음악을 비교하면서 고전파 음악의 특성을 언급하고 있다.
2문단 : 고전파 음악의 특성과 지향을 언급하고 있다.
3문단 : 1~2문단을 내용을 종합하여 고전파 음악의 위상을 평가하고 고전음악을 올바르게 이해하기 위한 노력의 필요성을 언급하고 있다.

① 1문단과 3문단 ② 2문단 ④ 1문단

17 ①

㈎에서는 감각과 경험에 대한 합리론과 경험론의 상반되는 관점에 대해 설명하고 있다. ㈏의 글쓴이는 일상적 행동에서 감각을 신뢰하고 이에 따라 행동하는 것은 잘못이 아니라고 생각하지만, 과학적 연구는 실용적 기술 개발이나 평범한 일상적 행동과는 달리 경험적 자료에 대한 어느 정도의 경계가 있어야 한다고 말하고 있다.

※ 비문학 지문 독해의 원리는 문단별 독해에서부터 시작된다. 문단은 중심 문장과 뒷받침 문장으로 이루어져 있다. 중심 문장은 화제와 초점으로 이루어져 있는데 화제란 글쓴이가 이야기하고자 하는 대상을 가리키며, 초점은 글의 내용으로 정보나 글쓴이의 태도나 관점을 말한다. 글을 읽을 때 주의할 점은 중심 문장과 구조어를 통해 앞으로 전개될 내용을 예측하며 읽는 것이다. 중심 문장은 모호하기 때문에 뒷받침 내용을 필요로 하며 구조어는 접속어나 조사, 어미로 앞문장과의 관계나 서술 내용의 방향을 제시하므로 이를 통해 글쓴이가 말하고자 하는 내용(주제)을 보다 정확하게 파악할 수 있다.

18 ④

④ 마지막 문장에서 '피자보다 자장면을 좋아하는 아이들을 찾아보기가 힘들어졌다'고 언급하고 있다.

19 ②

② '말미'는 '일정한 직업이나 일 따위에 매인 사람이 다른 일로 말미암아 얻는 겨를'이라는 뜻이고, '휴가'는 '직장 · 학교 · 군대 따위의 단체에서, 일정한 기간 동안 쉬는 일. 또는 그런 겨를'을 말한다. 유의어 관계에 있지만, '말미'를 쓰지 않고 '휴가'라는 말을 사용하는 것은 아니다.

20 ③

비문학 지문을 독해할 때 주의할 점을 글의 성격에 맞게 글을 읽어야 한다는 것이다. 비문학 지문은 정보를 전달하는 설명문과 문제해결방안을 제시하거나 상대방의 입장을 비판하는 논설문으로 나눌 수 있다. 설명문의 정보는 사실에 입각해야 하며 논설문의 해결방안이나 비판은 반드시 타당한 논리적 근거(사실)를 가져야 한다. 글의 성격을 구분하는 것은 첫문단에 제시되어 있으니 이를 통해 구분할 수 있다.

③ ㈐는 디디티의 문제점을 언급하고 미국에서 생산이 전면 중단되었다는 사실을 이야기하고 있을 뿐, 직접적으로 사용을 금지해야 한다는 주장을 하고 있지는 않다.

2019. 6. 15 | 제1회 지방직 시행

1 ①

방향성을 기준으로 하여 ②, ③, ④는 주고받는 방향성을 갖고 있지만 ①은 일의 결과로서의 의미만 갖고 있다.

2 ②

② 토론의 구성원은 사회자와 서로 입장이 다른 패널이다. 패널은 자신의 입장에 대해 타당성을 입증하여 상대방을 설득하는 주관적인 견해를 갖고 있지만, 사회자는 원만한 토론의 진행을 위해 중립적인(객관적인) 위치에서 토론을 진행해야 한다.

3 ①

글쓰기 방식은 주제(내용)와 밀접한 관계가 갖고 있다. 이 글은 중앙아메리카 열대림 파괴의 심각성에 대해 통계 수치를 제시하면서 자신의 논거의 타당성을 높이고 있다.

4 ④

④ '인사말'은 [인사말]로 발음되어 사이시옷 적기를 하지 않는다. 비슷한 예로 '머리말'이 있다.

① 노랫말[노랜말] ② 순댓국[순대꾹], ③ 하굣길[하교낄]

※ 한글맞춤법 제30항과 관련된 문항이다. 사잇소리 현상이 일어났을 때 우리말과 우리말의 결합, 우리말과 한자어의 결합, 한자어와 한자어의 결합에서 앞 음절이 종성(받침) 없이 모음으로 끝나고 뒤 음절의 초성이 'ㄱ, ㄷ, ㅂ, ㅅ, ㅈ'일 경우 뒤 음절의 자음이 된소리로 발음되거나, 앞 음절이 종성(받침) 없이 모음으로 끝나고 뒤 음절의 초정이 비음(ㄴ, ㅁ, ㅇ)일 경우 ㄴ첨가, ㄴㄴ첨가 일어날 경우 앞 음절의 받침에 ㅅ(사이시옷)을 받쳐 적는 것을 맞춤법 30항에서 규정하고 있다. 이때 주의할 점은 현실발음을 따라야 사이시옷 적기를 한다는 것이고, 한자어와 한자어 사이에서는 6개(숫자, 횟수, 셋방, 툇간, 찻간, 곳간)만 한정해서 사이시옷 적기를 한다는 것이다.

5 ②

㈎의 반영론의 핵심은 문학 작품이 인간의 삶의 현실을 드러내고 있다고 보는 것이다.

①③④ 내재적 관점(절대론)

※ 문학 작품을 감상하는 관점

㉠ 내재적 관점(절대론) : 작품의 운율, 문체, 표현상의 특징, 구조 등 작품 자체의 내적 특징에 주안점을 두고 작품을 이해하고 해석하는 관점

㉡ 외재적 관점 : 작가, 독자, 현실 등의 작품 외적 요소를 근거로 하여 작품을 감상하고 비평하는 관점

- 표현론 : 작품과 작가의 관계에 주목하여 작품 속에 나타난 작가의 창작 의도, 전기적 사실, 심리 상태 등에 초점을 두고 작품을 감상하는 방법
- 반영론 : 작품과 현실과의 관계에 주목하여 작품에 반영된 시대, 현실, 역사 등에 초점을 두고 작품을 감상하는 방법
- 효용론 : 작품과 독자와의 관계를 주목하여 독자의 반응에 초점을 두고 작품을 감상하는 방법

6 ①

- 1문단 : 독서의 본질적 목적
- 2문단 : 오늘의 현실에서 독서의 문제점(그러나 → 1문단과 대조)
- 3문단 : 바람직한 독서의 방향 제시

마지막 문장이 이 글의 주제 문장이라고 할 수 있다. '자신의 처지와 우리 시대의 문맥을 깨달아야 합니다.'라는 내용에 주목해서 정답을 선택할 수 있다.

7 ②

띄어쓰기의 목적의 하나로 의미 전달을 명확하게 하는 가독성을 들 수 있다. 하지만 띄어 쓸 때와 붙여 썼을 때 의미 변화가 생길 수 있으니 주의해야 한다.

③ '한 번'과 '한번'은 의미 차이가 있다. '한'은 수관형사로 횟수를 나타내는데 붙여 쓰면 '시도나 기회'의 의미를 가진다. 문맥의 상황은 두 번이나 세 번의 의미와 차이를 두는 것이 아니기 때문에 붙여 쓰는 것이 맞다.

①④ '굴속'이나 '그중'은 언어 사용상 관습화되어 붙여 써야 한다.

8 ③

㉠ 가을일→[가을닐](ㄴ첨가)→[가을릴](교체 : 유음화) – 두 가지 유형의 음운 변동이 일어난다.

㉡ 텃마당→[턷마당](교체 : 음절의 끝소리 규칙)→[턴마당](교체 : 비음화) – 조음위치가 아니라 조음방법이 같아지는 동화현상이 일어난다.

㉢ 입학생→[이팍생](축약)→[이팍쌩](교체 : 된소리되기) – 축약으로 인해 음운 개수가 한 개 줄어들었다.

㉣ 흙먼지→[흑먼지](탈락 : 자음군단순화)→[흥먼지](교체 : 비음화) – 음절의 끝소리 규칙(교체)이 적용된 것이 아니라 자음군단순화(탈락)가 일어나고 비음화(교체)가 일어났다.

9 ①

① '유사한 내용의 제안이 접수되었다'는 사건은 문맥상 완료된 상황이 맞으므로, 그대로 완료형을 쓰는 것이 바람직하다.

10 ②

② 초장과 중장 사이에 대구법을 써서 운율감을 형성하고 누룩과 염매를 강조하는 효과를 드러내고 있다.

① 연쇄법은 끝말잇기 방식으로 시상이 전개되는 것을 가리킨다.

③ 운율감의 기본은 반복과 생략 그리고 변주에 있다. 같은 말을 반복하는 것은 운율감을 더하는 효과를 가져 온다.

④ 시조의 종장에는 화자가 말하고자 하는 주제가 담긴다. 벗들의 조롱에 대한 불편한 심기를 드러내고 있다.

[현대어풀이]

㈎ 고인(옛 사람)도 나를 못 보고 나도 고인(옛 사람)을 못 뵈었다.
(그러나) 고인을 못 보아도, (그들이 걸어간 학문의) 가던 길이 앞에 있네.
가던 길이 앞에 있는데, (어찌 내가 학문의 길을) 아니 가고 어찌 할고.

㈏ 술은 어이하여 (맛이) 좋은가? 누룩을 섞은 탓이로다.
국은 어이하여 (맛이) 좋은가? 소금을 (알맞게) 탄 탓이로다.
이 음식의 원리를 알면 (나라를 다스림에) 만수무강하리라.

㈐ 우레같이 소리 나는 임을 번개같이 번뜩 만나
비같이 오락가락(사랑을 주고받고) 구름같이 헤어지니
가슴 가운데 바람 같은 한숨이 안개 피듯 하는구나.

㈑ 하하 허허 하고 있다고 해서 내 웃음이 정말 웃음인가.
하도 어처구니가 없어서 느끼다가 그리 웃네.
사람들아 웃지들 말구려, 아귀가 찢어질지 모르네.

11 ③

서술어의 의미는 서술어가 설명하는 대상인 명사에 달려 있다. 의미 부분에 나타난 명사의 성격이나 종류를 가지고 구별하면 쉽게 답을 고를 수 있다.

㉢의 마음이나 의식은 추상적인 개념이나 '옷의 풀기'는 구체적인 물질에 해당하니 올바른 예문이라고 볼 수 없다. ③의 '살다'는 '본래 가지고 있던 색깔이나 특징 따위가 그대로 있거나 뚜렷이 나타나다'의 뜻으로 사용되었다.

12 ①

① 마지막 진행자의 발화는 홍 교수의 말에 추가적인 발화이지만, 상대방의 의견이 합리적이지 않음을 지적하는 비판적인 발화로는 볼 수 없다.

※ 진행자의 발화를 중심으로 ①~④ 답지의 성격을 확인하면 된다. 까다로운 선택지는 대화일 경우 양방향(화자와 청자) 모두를 보는 것이 필요하지만 이 문항은 그렇게 복잡하지 않다.

13 ④

제시된 글은 계몽주의 사상가, 헤겔, 다윈 등이 진화와 진보를 어떻게 구분했는지에 대해 논하고 있다. 계몽주의 사상가들은 역사의 법칙과 자연의 법칙이 동일한 것으로 여기고 진보를 믿었기 때문에 자연을 진보하는 것으로 받아들였다. 헤겔은 역사는 진보하지만 자연은 진보하지 않는다고 구분했다. 반면, 다윈은 진화와 진보를 동일한 것이라고 주장했다. 이렇게 진보와 진화에 관한 다양한 견해의 차이를 설명하고 있으므로, 글의 제목은 ④ '진보와 진화에 관한 견해들'이 가장 적절하다.

※ 글의 제목은 포괄적인 성격을 갖고 있어 구체적이고 세부적인 내용을 담을 수는 없다. 그래 대개 설명문의 글의 제목은 모호한 측면이 있다.

14 ③

고전소설을 올바르게 이해하려면 당시의 사회적 질서에 대한 배경지식이 필요하다. 이 장면은 시아버지인 유 소사와 며느리인 사씨 간의 대화로, 주된 내용은 부부간의 올바른 도리에 대한 것이다. 사씨는 시아버지의 말을 받들면서도 자신의 생각을 차분하게 진술하고 있고, 유 소사은 며느리의 태도를 인정하며 긍정적으로 수용하고 있다.

① 사씨의 말에서 사씨의 어머니가 사씨에게 남편을 공경하라고 당부했다는 것은 알 수 있지만, 남편에게 맞섰던 일을 비판한 것은 알 수 없다.

② 사씨가 '본래 배운 것이 없으니'라고 한 것은 자신을 낮추는 표현으로 보는 것이 적절하다.

④ 유 소사는 사씨의 지혜로움에 흡족한 것이지 효성이 지극한 모습에 흡족한 것은 아니다.

15 ④

④ 단선적 구성은 하나의 사건을 목적을 가지고 집중적으로 전개해 나가는 방식으로, 두 개 이상의 사건을 독자적인 구성으로 전개하면서 하나의 이야기로 결합하는 복선적 구성과 대별된다. '소리의 여운'은 새로운 사건을 전개한 것이 아니므로 단선적 구성에 변화를 주었다고 보기 어려우며 갈등 해소가 아닌 갈등의 요인으로 작용한다.

16 ②

1문단에서는 〈일 포스티노〉라는 영화의 내용이 시의 본질과 맞닿아 있어 이 영화를 통해 추상적인 시의 본질에 대해 더 쉽게 이해할 수 있다고 말하고 있다. 2문단에서는 영화의 구체적인 장면을 통해 1문단의 내용을 뒷받침한다.

② 〈일 포스티노〉가 시의 본질을 더 쉽게 이해할 수 있게 해 주는 영화이기는 하지만, 영화 속의 인물들이 문학적 은유의 본질과 의미를 잘 알고 있는지는 알 수 없다.

17 ③

괄호에 들어갈 말은 '일부러 꾸미지 않았는데 자연스럽고 아름답다'는 의미를 내포하고 있어야 한다.

① 花朝月夕(화조월석) : 꽃 피는 아침과 달 밝은 밤이라는 뜻으로, 경치가 좋은 시절을 이름

② 韋編三絕(위편삼절) : 한 권의 책을 몇 십 번이나 되풀이해서 읽음

③ 天衣無縫(천의무봉) : 천사의 옷은 꿰맨 흔적이 없다는 뜻으로, 일부러 꾸민 데 없이 자연스럽고 아름다우면서 완전함

④ 莫無可奈(막무가내) : 도무지 어찌할 수 없음

18 ①

유명세(有名稅)의 세는 '稅(세금 세)'를 쓴다. 유명세(有名稅)의 의미가 '세상에 이름이 널리 알려져 있는 탓으로 당하는 불편이나 곤욕을 속되게 이르는 말'이기 때문이다.

19 ④

1문단에서는 한국 농업의 새로운 가치에 주목해야 한다고 주장하고 있다. 2문단에서는 1문단의 주장의 근거로 농업의 본질적 성격을 제시하고 유목민적인 태도라는 구시대의 경제 패러다임을 문제 삼고 이를 극복하기 위한 노력을 통해 녹색 성장 산업으로서 농업을 잠재적 가치를 부각시키고 있다.

④ 마지막 문장에서 과학 기술의 눈부신 발전 성과를 수용하고 언급하고 있지 과학 기술의 부작용을 성찰할 필요가 있다고 하고 있지는 않다.

20 ③

③ 셋째 문단 마지막에서 '유교의 기본 입장은 설사 부모의 명령이라 하더라도 옳고 그름을 가리지 않는 맹목적인 복종은 그 자체가 불효'라고 언급하고 있다. 즉, 윗사람이라고 하더라도 옳지 않은 명령에 대해서는 맹목적으로 복종하지 않는 것이 유교의 기본 입장이라는 것이다. 따라서 윗사람에 대한 복종을 절대시하지 않는 것이 유교적 윤리의 한 바탕이라는 의견은 글쓴이의 입장과 부합한다.

2019. 6. 15 | 제2회 서울특별시 시행

1 ②

'도, 만, 은, 까지'는 보조사로 문장성분을 드러내는 것이 아니라 '도(첨가), 까지(강조), 만(한정)' 등과 같이 의미를 첨가하는 역할을 한다. 이에 비해 격조사는 체언의 문장 성분을 드러내는 기능을 한다. 하지만 격조사는 생략 가능하며 보조사가 결합하는 경우 거의 생략을 하니 문장성분을 바로 파악할 수 없다. 이때는 서술어(용언)에 주목할 필요가 있다. 서술어의 성격에 따라 목적어, 보어, 부사어를 필요로 할 수 있기 때문이다. 이를 문법 개념으로 서술어의 자릿수라고도 한다. '먹다, 주다, 싫다'는 타동사로 목적어를 필요로 하지만 '날아가다'는 자동사로 목적어를 필요로 하지 않는다.

② '마음만은'은 '날아갈 것 같다'의 주어로, 보조사 '만'과 결합한 보조사 '은'이 주격 조사 대신 쓰여 문장의 주어 역할을 수행하고 있다. ①, ③, ④는 모두 목적어의 역할을 수행하고 있다.

2 ②

접두사 '새-/시-, 샛-/싯-'은 뒤에 오는 말에 따라 구별된다. 된소리, 거센소리, 'ㅎ' 앞에는 '새-/시-'가, 유성음 앞에는 '샛-/싯-'이 결합한다. 이 중 '새-, 샛-'은 뒷말이 양성 모음일 때, '시-, 싯-'은 뒷말이 음성 모음일 때 결합한다.

① 싯퍼렇다 → 시퍼렇다
③ 새퍼렇다 → 새파랗다/시퍼렇다
④ 시하얗다 → 새하얗다/시허옇다

3 ①

이 시의 내용은 무엇에 대해 그런 사람과 그렇지 않은 사람 둘로 구분하고 있다. 즉 흑백논리와 연결된 것으로, '공정하지 못하고 한쪽으로 치우친 생각'이라는 뜻의 편견(偏見)이 시의 제목으로 가장 적절하다.

4 ③

③ '언 발에 오줌 누기'는 언 발을 녹이려고 오줌을 누어 봤자 별로 효력이 없다는 뜻으로, 임시변통은 될지 모르나 그 효력이 오래가지 못하고 사태가 더욱 나빠짐을 비유적으로 이르는 속담이다. 이 속담과 유의관계에 있는 한자성어로는 凍足放尿(동족방뇨 : 얼 동, 발 족, 놓을 방, 오줌 뇨)가 있다. 반면, 雪上加霜(설상가상 : 눈 설, 윗 상, 더할 가, 서리 상)은 눈 위에 또 서리가 내린다는 뜻으로, 어려운 일이 겹침을 이른다.

① '원님 덕에 나팔 분다'는 사또와 동행한 덕분에 나팔 불고 요란히 맞아 주는 호화로운 대접을 받는다는 뜻으로, 남의 덕으로 당치도 아니한 행세를 하게 되거나 그런 대접을 받고 우쭐대는 모양을 비유적으로 이르는 속담이다. 狐假虎威(호가호위 : 여우 호, 거짓 가, 범 호, 위엄 위)는 여우가 호랑이의 위세를 빌려 호기를 부린다는 뜻으로, '원님 덕에 나팔 분다'의 의미와 유사하다.

② '소 잃고 외양간 고친다'는 일이 이미 잘못된 뒤에는 손을 써도 소용이 없다는 뜻으로 한자성어 亡牛補牢(망우보뢰 : 잃을 망, 소 우, 기울 보, 우리 뢰)와 관련 있다. 晩時之歎(만시지탄 : 늦을 만, 때 시, 갈 지, 탄식할 탄)은 때늦은 한탄이라는 뜻으로, '소 잃고 외양간 고친다'와 같은 맥락에 있다.

④ '낫 놓고 기역자도 모른다'는 기역 자 모양으로 생긴 낫을 보면서도 기역 자를 모른다는 뜻으로, 아주 무식함을 비유적으로 이르는 속담이다. 한자성어 目不識丁(목불식정 : 눈 목, 아닐 불, 알 식, 고무래 정)과 일맥상통한다.

5 ①

초성자는 자음을 가리킨다. 한글 창제 원리를 담고 있는 해례본을 보면 자음은 발음기관을 상형하여 기본자(ㄱ, ㄴ, ㅁ, ㅅ, ㅇ)를 만든 후 획은 더해 나머지를 글자를 만들었다. 그리고 이체자는 획을 더하는 것은 가획자와 같지만 가획을 해도 소리의 세기가 세어지지 않는다고 정리하고 있다. ㄷ은 ㄴ의 가획자, ㅂ은 ㅁ의 가획자, ㅊ은 ㅅ으로부터 가획된 글자이다.

① ㄹ은 이체자이다.

6 ②

① 다트 → 도트(도트프린터)/닷(닷컴)
③ 플래트 → 플랫
④ 코루스 → 코러스

7 ④

로마자 표기법은 우리말 소리(발음)를 알파벳으로 적은 것으로, 외국인들이 우리나라의 말을 편리하게 읽도록 도와주어 보다 원활한 의사소통을 하게 하기 위함이다.

① Dalakgol → Darakgol

② Gukmangbong → Gungmangbong

③ Nangrimsan → Nangnimsan

8 ①

황진이의 시조로 임에 대한 그리움이 주제이다. 자주 접하는 시조이므로 내용을 암기하고 있다면 쉽게 풀 수 있는 문제이다. 다만, 기나긴 밤 가운데 일부분을 잘라낸다는 것에서 '허리'를, 동짓달 긴 밤을 잘라내면 곧 올 봄(임이 올 따뜻한 봄)에서 '春風'을 유추해 낼 수도 있다.

9 ③

③ '떠내려가다'는 '물 위에 떠서 물결을 따라 옮겨 가다'라는 뜻으로 사전에 등재되어 있는 한 단어이므로 붙여 써야 한다. '버리다'는 동사 뒤에서 '-어 버리다' 구성으로 쓰여 앞말이 나타내는 행동이 이미 끝났음을 나타내는 보조 동사이다. 즉, '떠내려가 버리다'는 '본용언 + 보조 용언'의 구성인데, 본용언이 합성어이므로 보조 용언을 붙여 쓰는 것이 허용되지 않는다.

① 한글 맞춤법 제47항에 따르면 본용언과 보조 용언은 띄어 쓰는 것이 원칙이지만 '본용언+-아/-어+보조 용언' 구성이거나, '관형사형 + 보조 용언(의존 명사 + -하다/싶다)'의 구성인 경우는 본용언과 보조 용언을 붙여 쓰는 것이 허용된다. '꺼져 간다'에서 '가다'는 주로 동사 뒤에서 '- 어 가다' 구성으로 쓰여 말하는 이, 또는 말하는 이가 정하는 어떤 기준점에서 멀어지면서 앞말이 뜻하는 행동이나 상태가 계속 진행됨을 나타내는 보조 동사로 '꺼져 간다'로 띄어 쓰는 것이 원칙이나 '꺼져간다'로 붙여 쓰는 것도 허용된다.

② '척하다'는 동사나 형용사 뒤에서 '-은/-는 척하다'의 구성으로 쓰여 앞말이 뜻하는 행동이나 상태를 거짓으로 그럴듯하게 꾸밈을 나타내는 보조 동사이다. 한글 맞춤법 제47항에 따라 '아는 척하다'로 쓰는 것이 원칙이지만, '아는척하다'로 붙여 쓰는 것도 허용된다.

④ '듯하다'는 동사나 형용사, 또는 '이다'의 관형사형 뒤에 쓰여 앞말이 뜻하는 사건이나 상태 따위를 짐작하거나 추측함을 나타내는 보조 형용사이다. '다만, 앞말에 조사가 붙거나 앞말이 합성 용언인 경우, 그리고 중간에 조사가 들어갈 적에는 그 뒤에 오는 보조 용언은 띄어 쓴다.'는 한글 맞춤법 제47항 단서에 따라 '올 듯도 하다'로 띄어 써야 한다.

10 ②

② 늴리리 → 닐리리, 남존녀비 → 남존여비, 혜택 → 혜택

①③④는 모두 올바른 표현이다.

11 ③

③ '익숙하지'에서 '하'가 아주 줄어든 경우이므로 '익숙지'가 올바른 표현이다.

① '섭섭하지'에서 '하'가 아주 줄어든 경우이므로 '섭섭지'가 올바른 표현이다.

② '흔하다'에서 'ㅏ'가 줄고 'ㅎ'이 다음 음절의 첫소리 'ㄷ'과 어울려 거센소리로 된 경우이므로 '흔타'가 올바른 표현이다.

④ '정결하다'에서 'ㅏ'가 줄고 'ㅎ'이 다음 음절의 첫소리 'ㄷ'과 어울려 거센소리로 된 경우이므로 '정결타'가 올바른 표현이다.

12 ④

언어의 특성

㉠ 기호성 : 언어는 일정한 내용을 일정한 형식으로 나타내는 기호체계이다.

㉡ 분절성 : 언어는 물리적으로 연속된 실체를 끊어서 표현한다.

㉢ 자의성 : 언어의 '의미'와 '기호' 사이에는 필연적인 관계가 없다.

㉣ 역사성(가변성) : 언어는 시간의 흐름에 따라 생성, 성장(변화), 소멸한다.

㉤ 사회성(불변성) : 언어는 사회적 약속이므로 개인이 마음대로 바꿀 수 없다.

㉥ 창조성 : 언어는 한정된 음운과 어휘로 무한의 단어와 문장을 만들어 낸다.

㉦ 규칙성(문법성) : 언어는 일정한 규범이 있으므로 그에 맞게 사용해야 한다.

13 ④

㉣은 '발끝이나 발뒤꿈치만으로 땅을 디디다'는 뜻의 '제겨디딜'로 옮겨야 한다.

14 ③

용언은 동사와 형용사로 이루어져 있으며 문장에서의 주된 기능은 서술어이다. 용언이 문장에 쓰이기 위해서는 반드시 어미와 결합해야 하는데 이를 활용이라고 한다. 용언은 활용을 하기 때문에 품사 중에서 형태 변화를 한다는 중요한 특징이 있어 이를 활용하면 다른 품사와 용언을 구별할 수 있다. 형태 변화가 나타나기 전, 즉 사전에 있는 용언의 형태를 기본형이라고 하고 형태가 변해서 문장에 쓰인 꼴을 활용형이라고 한다. 동사와 형용사를 구별하기 위해서는 현재형 선어말 어미 '-ㄴ-/-는-'을 붙여서 말이 되는지 여부를 따져보면 된다. 이때 말이 되면 동사이고 말이 안 되면 형용사이다.

①~④의 기본형은 '밝다'이다. 여기에 '-ㄴ다/-는다'를 붙여 말이 되는지 확인하면 ②만 말이 된다. ② 동사고 나머지는 형용사이다.

15 ①

두 번째 문장에서 '시인들만 참석하는 줄 알았더니, 각계 원로들도~'와 네 번째 문장에서 '거역할 수 없는 명분(북한 동포 돕기)보다 더 중요한~'을 종합해서 판단할 수 있다.

16 ④

이 글은 직설과 완곡함(부드럽게, 간접적으로, 우회적으로 표현)을 비교하면서 완곡함이 갖고 있는 인간다움을 표현하고 있다. ①, ②, ③은 완곡함이 독자와 청자를 배려하는 마음을 나타내고 있다.

④ 세상은 현실을 나타내고 있다.

17 ③

이 작품은 김승옥의 「서울, 1964년 겨울」이다.

③ 지문 속에서 '잠'은 '안'과 '내'가 '아저씨'의 고통을 외면해 버리는 행위로 볼 수 있다. 즉, 타인과의 소통 단절, 타인의 고통에 눈을 감는 현대인의 모습을 보여주는 매개체이다.

①② 근대화된 사회가 안고 있는 문제점으로 이 소설의 주제와 연결된다.

④ 현대인들의 일상생활에서 느끼는 심리적 태도가 드러난다.

18 ④

밑줄 친 부분은 선학의 학문 속에 깃든 올바른 삶의 태도를 본받겠다는 태도를 드러내고 있다고 볼 수 있다.

④ 이황의 도산십이곡의 한 수로 옛 성현에 대한 후학의 학문적 태도를 잘 드러내고 있다.

① 우국충정과 장부의 기개를 드러내고 있다.

② 이이(이율곡)의 고산구곡가의 한 수로, 유인(遊人)은 노는 사람의 의미가 아니라 학문을 해야 하는 사람을 가리키며 잘못된 학문하는 태도를 질책하고 있다.

③ 자연 속에서 한가롭게 지낼 수 있음을 임금의 은혜라고 하고 있다. 이런 부류의 작품을 충의한정가라고 한다.

19 ①

시의 화자 입장에서 '쇠항아리'는 자신을 억압하던 부정적인 요소이다. '구름'과 같이 찢어 없애야 하는 존재이다. 서로 다른 작품 속 시어의 의미가 완전히 동일할 수 없으므로 유사한 의미나 기능을 하는 것을 고르는 것이 방법이다.

① '발톱'은 '우리의 심장'을 노리는 부정적인 요소이다.

20 ②

표준 발음 문제는 음운변동과 맞닿아 있다. 음운의 변동이 일어나는 이유는 발음의 편의와 올바른 의미 전달을 위해서이며, 표준 발음이란 이를 반영하여 규정된 것이니 표준 발음 문제는 음운 변동 문제를 푸는 것처럼 따져 가며 문제를 푸는 것이 효과적이다.

② '신문'은 [신문]을 표준 발음으로 한다. [심문]으로 발음하면 '신문'과 '심문'이 헷갈리는 문제가 발생할 수 있다.

2020. 5. 30. | 제1차 경찰공무원(순경) 시행

1 ③

③ 교착어란 언어의 형태적 유형의 하나로, 실질적인 의미를 가진 단어 또는 어간에 문법적인 기능을 가진 요소가 차례로 결합함으로써 문장 속에서의 문법적인 역할이나 관계의 차이를 나타내는 언어이다. 국어는 교착어에 해당한다.

① 마찰음 'ㅅ'과 'ㅆ'은 '예사소리 – 된소리'의 2항 대립이고, 'ㅎ'은 하나만 존재한다.

② 국어의 단모음은 'ㅏ, ㅐ, ㅓ, ㅔ, ㅗ, ㅚ, ㅜ, ㅟ, ㅡ, ㅣ'로 모두 10개이며, 이 중 'ㅚ, ㅟ'는 이중 모음으로 발음할 수도 있다.

④ 어두 자음군은 중세국어에는 존재하였지만, 현대국어에는 존재하지 않는다.

2 ②

- 숙맥 : [숭맥](비음화)
- 젖먹이 : [젇먹이](음절의 끝소리 규칙) → [전먹이](비음화) → [전머기](연음)
- 직행열차 : [지캥열차](연음 후 축약) → [지캥녈차](ㄴ첨가)

※ **표준발음법 제29항** … 합성어 및 파생어에서, 앞 단어나 접두사의 끝이 자음이고 뒤 단어나 접미사의 첫 음절이 '이, 야, 여, 요, 유'인 경우에는, 'ㄴ' 소리를 첨가하여 [니, 냐, 녀, 뇨, 뉴]로 발음한다.

3 ①

① 잘못되서 → 잘못돼서 : '되어서'의 준말은 '돼서'이다.

4 ③

① **선고(先考)** : 남에게 돌아가신 자기 아버지를 이르는 말

② **나오셨습니다 → 나왔습니다** : 잘못된 사물 높임

④ 어미 '-ㄹ게'는 '어떤 행동에 대한 약속이나 의지를 나타내는 종결 어미'로, 자신의 행동에 대하여 쓰는 것은 자연스럽지만 상대방의 행동에 대하여 쓰는 것은 어색하다.

5 ②

'ㅓ'는 후설모음, 중모음, 평순모음이다. 따라서 '뒤, 중간, 안 둥긂'이 된다.

※ **모음체계표**

혀의 위치 / 입술 모양 / 혀의 높이	앞(전설모음)		뒤(후설모음)	
	평순모음	원순모음	평순모음	원순모음
고모음	ㅣ	ㅟ	ㅡ	ㅜ
중모음	ㅔ	ㅚ	ㅓ	ㅗ
저모음	ㅐ		ㅏ	

6 ④

<보기>에서 '놀라운'은 형용사 '놀랍다'의 활용형이다.

④ 형용사

①③ 동사

② 부사

7 ①

① '운동하는'은 화자가 공원을 보았을 당시를 기준으로 한 상대 시제이므로 현재형이다. 이 문장에서 절대 시제는 '보였다'이다.

8 ④

④ ㉠은 명사절이 안긴문장으로, 안긴문장 '빨리 달리기'에는 부사어 '빨리'가 있다. 하지만 ㉢은 관형절('농구를 잘하는')과 서술절('전봇대만큼 크다')이 안긴문장으로, 안긴문장에는 부사어가 없다.

① ㉠의 안긴문장의 서술어 '달리다'는 주어를 필요로 하는 한 자리 서술어이고, ㉡의 안긴문장의 서술어 '다르다'는 주어와 부사어를 필요로 하는 두 자리 서술어이다.

② ㉠은 명사의 역할을 하는 명사절 안긴문장이 있고, ㉢은 서술어 역할을 하는 서술절이 안긴문장이 있다.

③ ㉡은 부사어의 역할을 하는 부사절('그는 민수와는 다르게')로 안긴문장이 있고, ㉢은 관형어 역할을 하는 관형절('농구를 잘하는')로 안긴문장이 있다.

9 ③

③ 밑줄 친 '그'는 뒤에 오는 '글자'를 가리키는 지시 표현이다.
① '사랑해. 사랑해.'를 대신하는 대용 표현이다.
② '나를 구원해주러 올 초인'을 대신하는 대용 표현이다.
④ '읽고 또 읽어라.'를 대신하는 대용 표현이다.

10 ④

㉠의 '쓰다'는 '힘이나 노력 따위를 들이다'는 의미이고 ㉡의 '쓰다'는 '모자 따위를 머리에 얹어 덮다'는 의미로, 둘은 동음이의어 관계이다.

④ '귀가 먹어서'의 '먹다'는 '귀나 코가 막혀서 제 기능을 하지 못하게 되다'는 의미이고, '마음을 먹어서'의 '먹다'는 '어떤 마음이나 감정을 품다'는 의미이다. 따라서 이 둘은 동음이의어 관계에 있다.
① '윷을 놀았다'의 '놀다'는 '어떤 놀이를 하여 이기고 짐을 겨루다'는 의미이고, '방해를 놀았다'의 '놀다'는 '작용이나 역할을 하다'는 의미로, 둘 다 '어떤 일을 하다'는 의미와 연관성을 가진 다의어이다.
② '차면서 놀았다'의 '놀다'는 '놀이나 재미있는 일을 하며 즐겁게 지내다'는 의미이고, '헐거워져서 논다'의 '놀다'는 '고정되어 있던 것이 헐거워 이리저리 움직이다'는 의미이다. 둘 다 '차다', '헐거워지다' 등 '움직이다'는 의미와 연관성을 지닌 다의어이다.
③ '곗돈을 먹고'의 '먹다'는 '남의 재물을 다루거나 맡은 사람이 그 재물을 부당하게 자기의 것으로 만들다'는 의미이고, '나이를 먹고'의 '먹다'는 '일정한 나이에 이르거나 나이를 더하다'는 의미이다. 둘 다 '자신의 것으로 삼다'는 의미와 연관성을 지닌 다의어이다.

11 ②

② 2009년 여성 경제 활동 인구의 수는 10,076천 명으로 2008년 10,139천 명보다 감소하였다. 따라서 해마다 조금씩 늘고 있다고 이해한 것은 적절하지 않다.

12 ②

㈏ 통증은 몸에 이상이 있음을 알리는 신호이고, 이 신호는 뇌로 전달되어 분석된다.
㈎ 문제제기 : 여러 통각이 뇌에 동시에 수용되면 어떻게 될까? → 뇌는 더 심각한 통증을 극복하는 데에만 신경을 쓰게 된다.
㈐ ㈎에 해당하는 예시

13 ②

② 점층법은 문장의 뜻을 점점 강하게 하거나, 크게 하거나, 높게 하여 마침내 절정에 이르도록 하는 수사법으로, 제시된 글에서는 사용되지 않았다.
① **문답법** : 묻고 대답하는 형식으로 표현하는 수사법 → '당신 같으면 어느 쪽을 선택할 것인가.(물음) 나의 선택은 마을의 불빛들이다.(대답)
③ **은유법** : 사물의 상태나 움직임을 암시적으로 나타내는 수사법 → '불빛들은 갓 핀 달리아 꽃송이이다.'
④ **의인법** : 사람이 아닌 것을 사람에 비겨 사람이 행동하는 것처럼 표현하는 수사법 → '그들(마을의 불빛들)은 말없이 불을 켜고'

14 ④

'다문화와 화목을 추구하면서 서로의 차이를 이해하고 인정하는 것'이므로 '和而不同'이 가장 적절하다.
④ **和而不同**(화이부동) : 남과 사이좋게 지내기는 하나 무턱대고 어울리지는 아니함을 이른다.
① **法古創新**(법고창신) : 옛것을 본받아 새로운 것을 창조함을 이른다.
② **物我一體**(물아일체) : 외물(外物)과 자아, 객관과 주관, 또는 물질계와 정신계가 어울려 하나가 됨을 이른다.
③ **滄桑世界**(창상세계) : 급격히 바뀌어 변모하는 세상을 일컫는다.

15 ④

마지막 문단에서 인터넷상에서 활동하는 개별 누리꾼이 서로 힘을 모아 사회적 영향력을 발휘하는 현상이 뚜렷하게 포착되고 있고, 이렇게 모인 힘을 표현하는 개념으로서 집단 지성이 자리를 잡아가고 있다고 언급하였다. 따라서 집단 지성을 활용한 백과사전의 단점으로 ㈑를 지적하는 것은 옳지 않다.

16 ①

① ㉠ **機會**(기회) : 어떤 일을 하기에 알맞은 시기나 경우
② ㉡ **役割**(역할) : 자기가 마땅히 하여야 할 맡은 바 직책이나 임무
③ ㉢ **懷疑**(회의) : 의심을 품음. 또는 마음속에 품고 있는 의심
④ ㉣ **共有**(공유) : 두 사람 이상이 한 물건을 공동으로 소유함

17 ②

② 제시된 작품에서 공간은 들판으로, 공간의 변화는 나타나지 않는다.

① '그런데' 이후로 화자의 인식이 변화하고 있다.

③ '에' 또는 '데'로 끝나면서 각운을 형성하고 있다.

④ 마지막 행에서 '익는 벼'를 '생명의 황금 고리'로 비유하며 주제를 드러내고 있다.

※ **정현종, 「들판이 적막하다」**

㉠ **갈래** : 자유시, 서정시

㉡ **성격** : 비판적, 고발적

㉢ **특징**

- 영탄법을 사용하여 화자의 감정을 강조
- 줄표를 사용하여 적막한 상황을 효과적으로 표현
- 가을 들판의 표면과 이면을 시각과 청각의 대비로 형상화

㉣ **주제** : 생태계가 파괴된 현실에 대한 비판

18 ③

㉢은 '편식 않는 습관'과 '균형 있는 식사'가 접속조사 '과'를 통해 대등하게 이어진 문장으로 서술어 '해야 한다'와 올바른 호응을 이루지 않는다. 이는 ③에서처럼 '편식을 하지 않는 습관'으로 고친다고 해도 '편식을 하지 않는 습관과 ~ 해야 한다.'로 올바른 호응을 이루지 않는다. 따라서 '편식 않는 습관을 기르고, 고루 섭취하는 균형 있는 식사를 해야 한다.'로 고치는 것이 적절하다.

19 ①

① 화자인 '나'와 '아주머니' 사이의 갈등은 나타나지 않는다. '나'는 실향민인 '아주머니'에게 연민을 느끼고 있다.

※ **이청준, 「흰철쭉」**

㉠ **갈래** : 단편소설, 분단소설

㉡ **성격** : 사실적, 상징적, 비극적

㉢ **배경** : 시간 – 1970년대, 공간 – 서울 청담동

㉣ **시점** : 1인칭 관찰자 시점

㉤ **주제** : 남북 분단으로 인한 실향민의 슬픔과 그에 대한 연민

20 ③

마지막 문장에서 '빠르고 바쁜 삶 속에서 우리는 많은 것을 잃어버렸다'고 언급하고 있으므로, 빨리 하느라 잃어버린 것에 대해 이어져야 한다.

③ 속성으로 관련 기술을 배우는 일은 빠르고 바쁜 삶과 같은 맥락에 있다.

국어

2020. 6. 13. | 제1회 지방직 / 제2회 서울특별시 시행

1 ④

제시된 사례는 의미의 중복에 대한 내용이다.

④ '~ㄹ뿐더러' 는 연결어미로 어떤 일이 그것만으로 그치지 않고 나아가 다른 것이 더 있음을 의미한다. '무척'은 다른 것과 견줄 수 없이 라는 의미가 있으므로 '~ㄹ뿐더러' 와 '무척'은 의미의 중복이 나타나지 않는다.

① 조사 '부터'는 '어떤 일이나 상태 따위에 관련된 범위의 시작임'을 나타내고, '먼저'는 '시간적으로나 순서상으로 앞서서'의 의미이다. 조사 '부터'에 '범위의 시작'이라는 의미를 가지고 있어 의미의 중복이 있다.

② 부사 '오로지'는 '오직 한 곬으로'의 뜻을 가지고 있고 조사 '만'은 '다른 것으로부터 제한하여 어느 것을 한정함'을 나타내므로 두 단어 사이에는 '어느 것을 한정하다'는 의미의 중복이 있다.

③ 조사 '마다'는 '낱낱이 모두'의 뜻을 가지고 있고 부사 '각각'은 '사람이나 물건의 하나하나마다'의 뜻이다. 이미 부사 '각각'에 '마다'의 의미가 포함되어 있으므로 '마다'와 '각각' 사이에는 의미의 중복이 있다.

2 ②

대화에서 이 부장은 김 대리가 늦은 것을 탓하지 않고 최 대리와 오랜만에 대화를 나눌 수 있었다고 하였다. 이는 약속에 늦은 상대방에게 부담이 되는 표현을 최소화한 것으로 볼 수 있으므로 대화의 원리 중 공손성의 원리에서 상대방의 부담을 최소화하여 말하는 '요령의 격률'에 해당한다. 따라서 ②가 가장 적절하다.

① 동의의 격률

③ 관용의 격률

④ 칭찬의 격률

※ **공손성의 원리**

상대방에게 정중하지 않은 표현을 최소화하고 정중한 표현을 최대화하는 공손한 어법을 가리키는 말로서 '정중 어법'이라고도 한다. 공손성의 원리에는 요령의 격률, 관용의 격률, 찬동의 격률, 겸양의 격률, 동의의 격률이 있다.

㉠ **요령의 격률** : 상대방에게 부담이 가는 표현을 최소화하고 상대방의 이익을 극대화하는 것이다. 정중하고 공손한 말은 상대방이 좋아하는 쪽으로 말하는 것이며 상대방에게 이익이 되는 쪽으로 말하는 것이다.

㉡ **관용의 격률** : 요령의 격률을 화자의 관점에서 말한 것으로 화자 자신에게 혜택을 주는 표현을 최소화하고 화자 자신에게 부담을 주는 표현은 최대화하는 것이다. 이 격률에 의하면 의사소통의 과정에서 남이 하기 싫은 일을 자신이 떠맡음으로써 남을 높이고 존중하는 태도를 지니라는 것이다.

㉢ **찬동의 격률** : 다른 사람에 대한 비방을 최소화하고 칭찬을 극대화하는 것이다.

㉣ **겸양의 격률** : 찬동의 격률을 화자의 관점에서 말한 것으로 자기 자신에 대한 칭찬은 최소화하고 자신에 대한 비방을 극대화하는 것이다.

㉤ **동의의 격률** : 자신의 의견과 다른 사람의 의견 사이의 차이점을 최소화하고 자신의 의견과 다른 사람의 의견의 일치점을 극대화하는 것이다.

3 ①

글의 주제가 청소년 인터넷 중독의 현황과 문제점인데 ①은 개인정보 유출로 인한 스팸 문자 발송 사례로 작성하고자 하는 글의 주제와 무관하다.

4 ①

① '-노라고'는 '자기 나름대로 꽤 노력했음을 나타내는 연결 어미'로 동사 '하다' 뒤에 어미 '-노라고'를 결합하여 '하노라고'로 적는 것이 적절하다.

② '결재(決裁)'는 '결정할 권한이 있는 상관이 부하가 제출한 안건을 검토하여 허가하거나 승인함'의 의미이므로 쓰임이 옳지 않다. '일을 처리하여 끝을 냄 / 매매 당사자 사이의 거래 관계를 끝맺는 일'을 뜻하는 '결제(決濟)'로 쓰는 것이 적절하다.

③ '걷잡다'는 '한 방향으로 치우쳐 흘러가는 형세 따위를 붙들어 잡다 / 마음을 진정하거나 억제하다'의 의미이므로 쓰임이 옳지 않다. '겉으로 보고 대강 짐작하여 헤아리다'의 의미인 '겉잡다'로 쓰는 것이 적절하다.

④ '가름하다'는 '쪼개거나 나누어 따로따로 되게 하다 / 승부나 등수 따위를 정하다'의 의미이므로 쓰임이 옳지 않다. '다른 것으로 바꾸어 대신하다'의 의미인 '갈음하다'로 쓰는 것이 적절하다.

5 ③

③ '공감각적 이미지'는 어떤 하나의 감각을 다른 감각으로 전이하여 표현하는 것이다. '미나리가 푸르고'에서 시각적 이미지를, '잘도 썩어 구린내 훅 풍겼지요.'에서 후각적 이미지를 찾을 수 있으나 감각의 전이가 일어난 것은 아니다.

① '샘'은 이웃 간의 훈훈한 정을 쌓고 느끼게 해 주는 매개체이다. 새벽 제일 맑게 고인 물은 네 집이 돌아가며 길어 쓰면서 서로를 배려하는 모습을 통해 공동체의 삶을 표현하고 있다.

② '들을 수 있었지요.', '길어 먹었지요.', '볼 수 있었지요.' 등 과거시제를 통해 화자의 어린시절을 회상하고 있음을 표현하고 있다.

④ '~지요.', '~구요.' 등 구어체의 종결 방식을 통해 마치 이야기를 들려주는 듯한 어투로 이웃 간의 정감 어린 분위기를 형성하고 있다.

※ **함민복 〈그 샘〉**

㉠ **갈래** : 자유시, 산문시, 서정시

㉡ **성격** : 회상적 , 향토적

㉢ **정서** : 그리움, 인정(人情)

㉣ **화자** : 과거의 고향마을을 회상하는 이

㉤ **주제** : 바람직한 공동체의 삶, 이웃 간의 배려와 훈훈한 인심

㉥ **특징**

- 구어체의 종결 방식을 통해 정감어린 분위기를 형성함
- 향토적 시어를 사용해 시골의 훈훈한 인정을 드러냄
- 과거 시제를 사용해 회상적 분위기 형성함

6 ③

이 글은 앞 문단에서 동물들이 환경을 능동적으로 변화시키고 있음을 이야기하고 다음 문단에서 인간도 이와 마찬가지로 환경을 능동적으로 변화시키는 존재임을 강조하고 있다. 그러므로 이 글의 중심내용은 '생명체는 환경을 능동적으로 변형한다'가 된다.

7 ①

'머무르다'는 어간 '머무르-'에 모음 어미가 오면 '르'가 모음 어미 앞에서 'ㄹㄹ'로 바뀌는 '르' 불규칙 활용을 하므로 '머물렀다'로 적는 것이 옳다.

8 ②

권토중래(捲土重來)는 한 번 실패하였으나 힘을 회복하여 다시 쳐들어옴을 이르는 말로 A사가 B사에게 1위를 내주었다가 다시 1위 자리는 탈환하는 상황에 적절한 한자성어이다.

① **토사구팽**(兎死狗烹) : 토끼가 죽으면 토끼를 잡던 사냥개도 필요 없게 되어 주인에게 삶아 먹히게 된다는 뜻으로, 필요할 때는 쓰고 필요 없을 때는 야박하게 버리는 경우를 이르는 말

③ **수불석권**(手不釋卷) : 손에서 책을 놓지 아니하고 늘 글을 읽음

④ **아전인수**(我田引水) : 자기 논에 물 대기라는 뜻으로, 자기에게만 이롭게 되도록 생각하거나 행동함을 이르는 말

9 ④

이 글은 예술작품의 복제본이 원본과는 다른 예술적 속성을 가질 수 있다는 것을 사진작가 빌 브란트의 예를 통해 드러내고 있다.

10 ③

③ '쓰레기를 내던져 버리다'라는 의미로는, '投棄하다(투기하다)'가 적절하다.

① 유기(遺棄)는 '내버리고 돌아보지 않음'을 뜻하며 주어진 문장에서는 '꿈을 버리다'라는 의미로 '抛棄하다(포기하다)'가 적절하다.

② 근절(根絕)은 '다시 살아날 수 없도록 뿌리째 뽑아 없앰'을 뜻하며 주어진 문장에서는 '내다 버리다'라는 의미로 '遺棄하다(유기하다)'가 적절하다.

④ 포기(抛棄)는 '하던 일을 중도에 그만 두어 버림'을 뜻하며 주어진 문장에서는 '나쁜 습관을 버리다'라는 의미로 '根絕하다(근절하다)'가 적합하다.

11 ①

① '꼽혀지다'는 '꼽다'의 어간 '꼽-'에 피동 접미사 '-히-'가 결합하여 파생적 피동을 이룬 뒤, 피동 표현을 만드는 '-어지다'가 결합하여 통사적 피동을 하였으므로 이중 피동 표현이 쓰인 문장이다. 그러므로 '꼽히고'로 수정하는 것이 적절하다.

② ㉡은 '리셋 증후군'이라는 말이 언제 생겼는지를 설명하고 있다. ㉡을 첫 문장 다음에 배치하고 이어서 '리셋 증후군 환자들의 증상'을 서술한 문장이 오는 것이 자연스럽다.

③ '막다른 골목'은 '더는 어찌할 수 없는 절박한 지경을 이르는 말'로 청소년들이 무슨 일이든지 '쉽게' 포기하고 마음에 들지 않는 사람과의 관계도 '쉽게' 끊는다는 내용과 어울리지 않는다. 따라서 깊이 생각하지 않고 '망설임 없이' 결정했다는 뜻인 '칼로 무를 자르듯'으로 수정하는 것이 적절하다.

④ ㉣의 앞에서는 '리셋 증후군'의 진단을 내리는 것이 어려우며 뒤에 제시된 문장은 리셋 증후군을 예방하기 위한 노력을 말하고 있으므로 앞의 내용이 뒤의 내용의 이유나 원인, 근거가 될 때 쓰는 접속 부사인 '그러므로'를 쓰는 것이 옳다.

12 ④

이 글은 이첨의 〈저생전〉으로 종이를 의인화한 가전체 문학이다.

'성질이 본시 정결하여 무인은 좋아하지 않고 문사와 더불어 노니는데'라는 구절에서 선비가 주로 사용하는 종이임을 추론할 수 있고, 붓을 의인화한 '모학사'가 '얼굴에 점을 찍어 더럽혀도 씻지 않았다' 등의 표현에서도 종이임을 알 수 있다.

13 ②

㉡의 '그 의미를 새삼 돌아보게 됩니다'는 대상이나 상황이 중요한 것이기 때문에 다시금 마음에 새기거나 교훈을 삼다는 의미로 '어느 쪽이 옳다고 말하기 애매한 소식'의 마무리 표현으로 적절치 않다.

14 ③

말뚝이가 양반을 풍자하는 사설을 늘어놓기 전에 음악과 춤이 멈추었음을 확인할 수 있다. 따라서 굿거리장단에 맞춰 풍자하는 사설을 늘어놓았다는 설명은 적절하지 않다.

15 ②

② 의존 명사인 '내'는 앞말과 띄어 써야 한다.

① '해도 해도'는 '하다'에 어미 '-아도(여도)'가 결합하여 반복적으로 '-아도 아도'의 구성으로 쓰인 것으로, 앞선 행위나 상태를 강조할 때 쓴다. 일상생활에서 많이 쓰는 표현이지만, 표준국어대사전에 합성어로 등재되지 않았으므로 띄어 쓰는 것이 옳다.

③ 제시된 문장에서 '데'는 '대접하는 경우에나 쓰인다'는 뜻의 의존 명사이므로 띄어 쓴다.

④ 제시된 문장에서 '정공법밖에'는 명사 '정공법' 뒤에 '그것 말고는'의 의미를 나타낸 보조사 '밖에'가 붙은 형태이며 조사는 그 앞말에 붙여 쓴다.

16 ③

제시된 소설 지문의 5문단 끝에 '잽싼 아이들은 시멘트 부대에 가득 든 석탄을 팔에 안고 낮은 철조망을 깨끔발로 뛰어 넘었다.'라는 구절을 통해 아이들도 쉽게 넘나들 수 있었음을 알 수 있다.

17 ③

① ㉠ 면역계의 과민반응 → 새로운 바이러스

② ㉡ 계절 독감 → 과민반응 한 면역체계

④ ㉣ 극심한 폐렴 증세 → 숙주와 함께 바이러스의 죽음

18 ①

㉠ 미국인의 평균 소득 증가 → ㉢ 평균 소득 증가의 배경 → ㉤ 풍요로움을 누릴 수 있던 이유 → ㉣ 미국인들이 생각하는 경제 성장 이유 → ㉡ 미국인들이 생각(㉣)과 실제(다른 산업국가에 비해 다른 분야에서는 우위를 갖지 못함)는 다름

19 ④

지문의 소재는 확증 편향으로, 새로운 정보를 접했을 때 이를 수용하거나 무시, 부정하는 심리적 경향에 관한 내용이다. 새로운 정보를 접했을 때 심리적 불안을 느끼는 특성에 대한 언급은 없다.

20 ③

㉢ : 껍질을 깨고 나온 주체는 아이, 즉 주몽이다.

㉥ : 둔한 말을 잘 먹여서 살찌게 한 사람은 '주몽'임을 알 수 있다.

㉠ : '몸을 피하는' 주체는 유화이다.

㉡ : 앞선 문장에서 '왕'이 알을 버려 개와 돼지에게 주었으나 먹지 않았고 다시 길에 내다 버렸다고 했으므로 내다 버리게 한 주체는 왕이다.

㉣ : '활을 잘 쏘는'의 주체는 '사람'이다.

㉤ : '(주몽을) 없애지 않는다면'의 주체는 주몽에게 위해를 가하는 세력(대소 혹은 금와왕)이다.

2020. 6. 20. | 소방공무원 시행

1 ④

④ '봬요'는 동사 '보다'의 높임말인 '뵈다'의 어간 '뵈'에 어미인 '-어'가 결합하여 '봬'로 축약된 것이다. 그러므로 '뵈어요'의 축약형인 '봬요'가 맞춤법에 맞는 표현이다.

① 졸이다 – '마음이 초조하다' 또는 '국물의 양이 줄어들다('졸다'의 사동사)'
조리다 – 양념이 배어들도록 하다
갈치에 양념을 해서 배어들도록 만든 음식이므로 '갈치조림'이 맞는 표현이다.

② 순우리말로 된 합성어의 경우 뒷말의 첫소리가 된소리로 나면 사이시옷을 적어야 한다. 따라서 '만둣국, 북엇국, 순댓국, 고깃국' 등으로 적는다.

③ '떡볶이'가 맞는 표현이다.

2 ②

중세국어 시기에는 모음 조화가 엄격하게 지켜졌다. 지문에 나타난 어휘 중 'ᄇᆞᄅᆞ매, ᄀᆞᄆᆞ래, ᄇᆞᄅᆞ래' 등이 양성모음 'ㆍ' 뒤에 부사격 조사 '애'가 사용되었음을 통해 알 수 있다.

① 이어적기(발음대로 표기) : '기픈(깊은)', 므른(믈은)

③ 중세 국어 시기에는 주격조사 '이'만 사용되었다(ᄉᆞㅣ미). 단 'ㅣ' 모음 뒤에서는 생략된다(불휘).

④ 글자 왼쪽에 방점을 찍어 소리의 높낮이를 나타내었다. (평성, 거성, 상성, 입성을 표시)

3 ①

나머지는 모두 문장의 주어를 높이는 주체 높임법이 사용되었으나 ①은 객체인 '어머니'를 높이는 객체 높임법이 사용되었다.

② 주어인 할머니를 높이고 있다. (주체 높임법)

③ 주어인 선생님을 높이고 있다. (주체 높임법)

④ 주어인 큰아버지를 높이고 있다. (주체 높임법)

4 ②

한글 맞춤법 제15항에 따라 '-이오'는 종결형으로 사용되고 '-이요'는 연결형 어미로 사용된다. 그러므로 ②은 종결형 어미 '-이오'가 아니라 연결형 어미 '-이요'를 써야 한다.

5 ②

㉠의 '나누어'는 '여러 가지가 섞인 것을 구분하여 '분류하다.'의 의미로 쓰였다. ②도 문맥적으로 같은 의미인 '구분하다'는 의미로 사용되었다.

① 말이나 생각 따위를 주고받다.

③ 같은 핏줄로 태어나다.

④ 하나의 대상을 여러 개로 가르다.

6 ①

① 잡고[잡꼬]는 ㉠의 'ㅂ' 받침 뒤에 일어나는 된소리되기이다.

② ㉡ '손'은 어간 받침이 아닌 명사이다.
손재주[손째주]로 발음되는 것은 합성명사 '손 + 재주'에서 울림소리 'ㄴ'과 안울림소리 'ㅈ'이 만났을 때 뒤의 소리가 된소리로 발음되는 현상이다. ㉠~㉣ 어디에도 해당되지 않는다.

③ 관형사형 어미 뒤의 체언이 된소리로 발음되는 ㉣의 예이다.

④ 갈등(葛藤)은 한자어 사이에서 일어나는 된소리이므로 ㉢의 예이다.

7 ①

① ㉠은 '나는 기다린다 + 봄이 오다'라는 두 개의 문장이 결합한 겹문장으로 안은문장인 '기다린다'의 목적어로 '봄이 오기'가 목적어로 사용되었으므로 명사절을 안은 문장이다. 명사절의 표지로 '-기, -음 , -ㅁ'이 있다.
㉡은 '그는 그녀를 떠올린다 + 그녀가 열심히 공부한다'의 두 개의 문장이 결합한 겹문장으로 '열심히 공부하는'이 '그녀를' 수식하는 관형절을 안은문장이다.

② ㉠ 명사절을 안은문장
㉡ 서술절을 안은문장

③ ㉠ 관형절을 안은문장
㉡ 관형절을 안은문장

④ ㉠ 명사절을 안은문장
㉡ 부사절을 안은문장

8 ③

제시문은 운봉 영장이 변사또의 생일잔치에 신분을 숨기고 걸인의 차림으로 있는 어사또를 청하기를 변사또에게 요청하는 장면이다. 갈등이 해소되기보다는 오히려 갈등이 고조되고 있는 부분이라고 할 수 있다.

① 제시문은 화려한 변사또의 생일 잔치가 열리는 장면이 묘사되고 있다.
② 제시문에서 '어사의 마음 심란하구나'와 '어사또 속으로, 오냐 도적질은 내가 하마. 오라는 네가 받아라'라는 부분에서 어사또의 심리가 직접적으로 드러난다.
④ 제시문에서 '저 사령의 거동보소'와 '등 밀쳐 내니 어찌 아니 명관(名官)인가'라는 부분에서 서술자가 작품에 개입하여 독자에게 말을 건네듯 이야기하고 있다.

※ 작자미상 〈춘향전〉

〈춘향전〉은 우리나라의 대표적인 고전 소설로, 조선 시대의 한글 소설이며 판소리계 소설이다. 양반인 이몽룡과 기생의 딸 춘향의 신분을 초월한 사랑 이야기로, 해학적이고 풍자적이며 조선 후기의 평민 의식을 담고 있는 작품이다.

[작품해설]

㉠ 갈래 : 판소리계 소설, 염정소설
㉡ 성격 : 풍자적, 해학적
㉢ 배경 : 시간적 – 조선 후기
공간적 – 전라도 남원
㉣ 주제 : 신분을 초월한 남녀 간의 사랑
불의한 지배 계층에 대한 민중의 저항

9~11

정철의 〈속미인곡〉은 전작(前作)인 〈사미인곡〉의 속편으로 신하가 임금을 그리워하는 마음(충정)을 표현한 충신연주지사(忠臣戀主之詞)의 대표적인 가사 작품의 하나이다.

[작품해설]

㉠ 창작연대 : 선조 18년~22년(1585~1589)
㉡ 갈래 : 양반 가사, 정격 가사, 서정 가사
㉢ 운율 : 4음보 연속체, 3(4) · 4조
㉣ 표현 : 대화체, 은유, 미화법 등
㉤ 어조 : 여성 화자의 애절한 목소리
㉥ 구성 : 서사 – 본사 – 결사의 3단 구성
㉦ 주제 : 연군(戀君)의 정(情)
㉧ 출전 : 송강가사
㉨ 의의
- 사미인곡과 더불어 가사 문학의 극치를 이룬 작품이다.
- 우리말의 구사가 절묘하여 문학성이 높다.
- 대화 형식으로 된 최초의 작품이다.

9 ②

속미인곡은 화자 자신을 여인(선녀)으로, 임금을 사랑하는 임으로 치환하여 임금에 대한 연군의 정을 여인의 임을 향한 애절한 마음으로 효과적으로 드러낸 작품이다.

① 임에 대한 원망이 아닌 임에 대한 영원한 사랑, 충정을 노래하고 있다.
③ 특정 시어의 반복, 안빈낙도(安貧樂道)의 염원 모두 드러나지 않았다.
④ 강호한정가에 대한 설명으로 이 작품의 내용과는 거리가 멀다.

10 ④

'사공은 어디가고 빈 배만 매어있다'는 상황을 통해 사공이 화자의 상황을 알고 도와준다는 진술은 적절하지 않다. 여기서 '빈 배'는 임과 이별한 화자의 외로운 처지를 드러내는 객관적 상관물이다.

① '졍셩이 지극ᄒᆞ야 ᄭᅮᆷ의 님을 보니'에서 화자는 임과 꿈속에서 재회함을 알 수 있다.
② '모쳠 ᄎᆞᆫ 자리~오뎐된 계셩의 ᄌᆞᆷ은 엇디 ᄭᆡ돗던고'에서 밤에서 새벽으로의 시간이 경과되었음을 알 수 있다.
③ '님다히 쇼식이 더욱 아득ᄒᆞᆫ뎌이고'에서 임의 소식을 전해주는 이가 오지 않음을 알 수 있다.

11 ③

'ᄇᆞ람'은 임과 화자 사이를 가로막는 장애물로 구름, 안개, 믈결 모두 같은 기능을 하는 시어이다.

③ '일월'은 임(임금)을 상징하는 시어이다.

12 ③

㉢의 다음 문장을 보면 '또한 출처를 명시하더라도 과도하게 인용하지 않아야 한다.'라고 되어 있다. 따라서 '출처를 밝히다.' 또는 '출처를 명시하다'로 고쳐야 한다.

13 ④

제시문은 화법과 작문의 윤리를 준수해야 한다는 내용의 글이다. 따라서 제목으로 가장 적절한 것은 ④ '화법과 작문의 윤리'이다.

| 14~15 |

박완서 〈사랑의 입김〉은 작가의 어린시절 할머니나 어머니가 입김을 불어 줄 때 느낀 행복과 평화를 떠올리며 현대 사회 속에 메말라가는 인정과 세태에 대한 안타까움과 비판의식을 드러낸 수필이다.

[작품해설]

㉠ **갈래** : 현대 수필, 경수필
㉡ **성격** : 비판적, 회상적, 비유적
㉢ **제재** : 입김
㉣ **주제** : 사랑의 가치와 중요성
㉤ **특징**
- 작가의 어린 시절과 오늘날 현대 가정의 모습을 대조적으로 제시
- 설의적 표현을 통해 글쓴이 생각을 부각

14 ①

작가의 어린 시절과 오늘날 현대 가정의 모습을 대조적으로 제시하여 주제를 부각하고 있다. 즉 작가는 어린 시절 추억을 회상하며 과거와는 달리 '입김', '숨결'의 의미가 사라진 현대 사회를 비판적으로 보고 있다.

15 ③

모든 것이 대량으로 생산되고 유통되는 편리한 시대를 살아가는 아이들이 따뜻한 입김을 느끼지 못하는 현실에 대한 안타까움과 비판의식을 담고 있다. 그러므로 입김은 요즘 아이들에게 그 가치를 외면당하고 있다.

16 ②

제시된 정철의 훈민가 16수는 어른 공경의 중요성을 가르치고 있는 교훈적 작품이다. 그러므로 어른과 아이 사이의 순서가 있어야 함을 제시한 장유유서(長幼有序)의 의미가 통하는 한자성어이다.

① **붕우유신(朋友有信)** : 친구 사이에 지켜야 할 도리는 믿음이다.
③ **군신유의(君臣有義)** : 임금과 신하 사이의 도리는 의리에 있다.
④ **부부유별(夫婦有別)** : 남편과 아내 사이에는 분별이 있어야 한다.

※ **정철 〈훈민가〉**
교훈적이고 설득적 성격의 연시조이면서 세련된 문학 표현 기교로 작가의 문학적 안목이 잘 드러난 작품
㉠ **갈래** : 시조, 연시조(총 16수)
㉡ **성격** : 교훈적, 설득적
㉢ **주제** : 유교 윤리의 실천 권장

| 17~18 |

(가) **갈래** : 평시조
성격 : 의지적, 절의적
제재 : 대나무
주제 : 고려왕조에 대한 변함없는 충절

(나) **갈래** : 평시조, 서정시
성격 : 감상적, 낭만적
제재 : 동짓달 기나긴 밤
주제 : 임을 향한 사랑과 그리움

(다) **갈래** : 사설시조
성격 : 해학적, 풍자적, 우의적
제재 : 두터비
주제 : 탐관오리의 횡포와 허장성세(虛張聲勢) 풍자

17 ③

시조 중 사설시조는 주로 중장이 길어진 형태를 보인다. (다)의 사설시조도 중장이 긴 반면, 종장은 평시조의 일반적 형식인 4음보의 율격을 유지하고 있다.

① (가) 시조는 대나무의 절개를 의인화하여 예찬하고 있다.
② (나) 시조의 화자는 동짓달 기나긴 시간을 봄바람 이불 속에 넣어두었다가 임이 오신 날 밤 펴겠다고 하여 임과의 재회를 간절히 바라고 있다.
④ 모든 시조는 종장 첫 구의 글자수를 3음절로 고정하여 지키고 있다.

18 ③

㉢ '모쳐라'는 '마침' 정도의 의미로 해석된다.

19 ④

제시문은 미술가인 르네 마그리트의 주된 작품 창작 기법인 '데페이즈망'이라는 기법이 창의력과 상상력을 높여주고 있으며 잠재력을 개발하는 수단이 되고 있어 관심을 받고 있다는 내용이다. 그러므로 이 글의 중심 화제는 '데페이즈망'이다.

20 ④

㉠은 표현법상 일제 강점하의 현실을 뜻하는 '겨울'과 희망을 상징하는 '무지개'가 서로 모순되는 역설법이 사용된 구절이다. ④에서는 화자의 진심과 반대되는 진술인 반어법이 사용되었다.

※ 이육사 〈절정〉

암담한 식민지 시대의 절망적 상황 속에서 그것을 초극하려는 의지를 표현한 작품이다. 수난의 현실을 극복하려는 의지와 일제에 대한 저항 의식을 담은 저항시의 백미(白眉)이다.

㉠ **갈래** : 자유시, 서정시

㉡ **제재** : 겨울, 북방, 고원

㉢ **성격** : 상징적, 의지적

㉣ **주제** : 극한 상황을 초극하려는 강렬한 정신

2020. 7. 11. | 인사혁신처 시행

1 ③

③은 대등하게 이어진 문장이다. '해진이는 울산에 산다+초희는 광주에 산다'가 결합한 문장으로 '-고'라는 대등적 연결어미로 연결된 문장이다.

① '동생이 시험에 합격하기'가 명사절로 안긴문장이다.

② '(영호는) 착하다'가 관형절로 안긴문장이다.

④ '내일 가족 여행을 가자'에 간접 인용 조사 '고'가 붙어 인용절이 안긴문장이다.

2 ①

① 표준어는 '곯아떨어지다'이다. '골아떨어지다'는 잘못 쓰인 예이다. '곯다'의 어원이 살아 있어서 표준어 표기 원칙 중 어법에 맞게 적어야 하는 경우이다.

'곯아떨어지다'는 몹시 곤하거나 술에 취하여 정신을 잃고 자는 것을 뜻한다.

3 ④

④ '그는 ~고 말을 하였다.'는 주어와 서술어의 호응이 자연스러운 문장이다. 또한 인용 조사를 활용한 인용절도 주절과 자연스럽게 어울리고 있다.

① 주어(내가 강조하고 싶은 점은)와 서술어(가졌다)의 호응이 적절치 못하다. '내가 강조하고 싶은 점은 우리가 고유 언어를 가졌다는 것이다'로 고쳐야 한다.

② 주어(~함께한 일은)와 서술어(시간이었다)의 호응이 적절치 못하다. '좋은 사람과 대화하며 즐거운 시간을 함께 보냈다'로 고쳐야 한다.

③ 주어(내 생각은)와 서술어(결정했다)의 호응이 적절치 못하다. '내 생각은 집을 사서 이사하는 것이 좋겠다는 것이다.'로 고쳐야 한다.

4 ④

④ ㉣의 문장은 '검찰이 그를 가두었다'는 의미이므로 '법원이나 판사가 피의자나 피고인을 강제로 일정한 장소에 잡아 가두다.'라는 뜻의 '구속하다'를 쓰는 것이 적절하다. '구속시키다'는 '구속하게 하다'로 해석이 되는 사동 표현이다.

① 의미가 중복된 경우이므로 맞게 고친 경우이다.

② 영어식 표현을 우리말답게 고친 경우이다.

③ 이중 피동 표현을 맞게 고친 경우이다.

5 ②

사전에 등재할 때는 초성 > 중성 > 종성 순으로 등재한다.

사전에 올릴 때 자음의 순서는 'ㄱ, ㄲ, ㄴ, ㄷ, ㄸ, ㄹ, ㅁ, ㅂ, ㅃ, ㅅ, ㅆ, ㅇ, ㅈ, ㅉ, ㅊ, ㅋ, ㅌ, ㅍ, ㅎ'이고 모음의 순서는 'ㅏ, ㅐ, ㅑ, ㅒ, ㅓ, ㅔ, ㅕ, ㅖ, ㅗ, ㅘ, ㅙ, ㅚ, ㅛ, ㅜ, ㅝ, ㅞ, ㅟ, ㅠ, ㅡ, ㅢ, ㅣ'이다.

'ㅛ' 다음에 'ㅠ'가 와야 하므로 ㉡은 가장 나중에 나와야 한다. 그러면 ②번과 ④번이 정답이 되는데, 'ㄹ'이 'ㅅ'보다 먼저이므로, '곬'이 '곳'보다 먼저 사전에 실린다. 그러므로 ②번이 정답이 된다.

6 ①

'오지랖이 넓다'는 '염치없이 행동하거나 쓸데없이 지나치게 아무 일에나 참견하는 면이 있다'라는 의미가 있다.

① **알현**(謁見) : 지체가 높고 귀한 사람을 찾아가 뵙다.

② **간섭**(干涉) : 직접 관계가 없는 남의 일에 부당하게 참견하다.

③ **참견**(參見) : 자기와 별로 관계없는 일이나 말 따위에 끼어들어 쓸데없이 아는 체하거나 이래라저래라 하다.

④ **간여**(干與) : 어떤 일에 간섭하여 참여하다.

7 ②

② 두 번째 문단에서 '아버지가 갑자기 다른 일을 하겠다고 했다'라고 했고 이를 두고 어머니는 대들었고 우리들은 아버지를 성토했다고 하였다. 또한 '아버지는 힘없이 물러났다'라는 진술을 통해 아버지는 새로운 일(서커스단의 일)을 시작하려 했으나 가족들의 반대로 좌절되었음을 알 수 있다.

8 ③

두 번째 문단 첫 번째 문장에서, "사람이 개입되는 것은 사물 인터넷이 아니라고 이야기하면서~ 사물의 지능을 중요시하는 경향이 있는데, 두 가지 모두 그릇된 것이다."라고 했으므로 사물 인터넷이 인간의 개입 없이 서로 소통하는 것으로 정의한 것은 글쓴이의 견해에 부합하지 않는다.

9 ④

이 작품은 작가의 늘어선 무덤들과 한 늙은이가 어린 아이를 데리고 제사를 지내고 돌아오는 모습을 주관적 개입 없이 묘사하고 있다. 따라서 ㉣의 진술처럼 후반에서 감정을 표출하는 선경후정 형식을 취하고 있지 않다.

10 ④

④ 맹세는 일정한 약속이나 목표를 꼭 실천하겠다고 다짐함을 뜻하는데, 盟맹세할 맹, 誓맹세할 서(세)이다. 따라서 맹세의 표기는 올바르다.

① '정면으로 맞서 싸움을 겲', '어려운 사업이나 기록 경신 따위에 맞섬'을 비유적으로 이르는 말을 뜻하는 '도전'은 挑戰과 같이 쓰는 것이 옳다.

② '어떤 사람이나 단체 따위의 주의·정책·의견 따위에 찬동하여 이를 위하여 힘을 씀. 또는 그 원조'를 뜻하는 지지는 支持로 쓰는 것이 옳다.

③ '어떤 일에 대하여 그 내용을 밝히지 아니하거나 비밀을 지킴. 또는 그런 상태'를 뜻하는 침묵은 沈默으로 쓰는 것이 옳은 표기이다.

11 ②

정민이는 "나도 그런 적이 있어"라면서 자신의 경험을 들어 말하고 있다. 따라서 "자신의 경험을 들어 상대방이 해결점을 찾을 수 있도록 돕고 있다"라고 한 ②가 적절하다.

12 ①

인과(원인과 결과)의 전개 방식을 찾으라는 문제이다. ①에서 온실 효과로 인해 해수면이 상승한다고 했으므로 인과의 전개방식은 ①이 적절하다.

② 정의의 방식으로 제로섬의 개념을 설명하고, 운동 경기를 예로 들어 제로섬에 대한 이해를 돕고 있다.

③ 서사의 방식으로 창호가 학교로 몰래 들어가는 사건을 시간의 순서에 따라 서술하고 있다.

④ 소읍의 전경을 그림을 그리듯 묘사하고 있다. 또한 풍경을 '선물 세트'로 비유하고 있다.

13 ②

진행자의 대화 진행 전략을 묻고 있다. 진행자가 상대방의 대답에서 모순점을 찾아 대응하는 부분은 없으므로 ②는 적절치 못하다.

① 진행자 A는 제시된 대화에서 '그렇군요'라는 말을 사용하며, 상대방의 말을 들었다는 반응을 보이고 있다.

③ A는 화제인 '의료 취약 계층을 위한 의약품 공급 정보망 구축 사업'에 대해 생소한 용어의 의미, 사업이 성과를 보게 된 원인, 사업에 참여할 수 있는 방법 등을 B에게 물어봄으로써 B가 이 사업을 홍보할 수 있도록 유도하고 있다.

④ "그러니까 앞으로 이런 문제를 해결하기 위한 제도 정비나 의료 전문가의 지원이 좀 더 필요하다는 말씀인 것 같군요."에서 상대방의 말을 대화의 흐름에 맞게 해석하여 상대방의 말을 보충한다.

14 ③

글의 마지막 부분에서 '어떤 이가 빗장 막대기로 만들어 선법당(善法堂)과 식당에 두었다. 그 막대기에는 글귀가 새겨져 있다.'고 했기 때문에 그 막대기가 글쓴이의 당대까지 전해졌다는 것은 적절하다.

① 천사의 벼락을 맞은 배나무는 용이 쓰다듬었거나 보양 스님이 주문을 외워 소생한 것이다. 즉 배나무가 저절로 소생한 것은 아니다.

② 이목(璃木)을 내놓으라는 천사의 요구에 보양 스님이 배나무[梨木]를 가리키자 천사가 그 배나무에 벼락을 내렸다. 즉, 배나무를 이목으로 오인해 배나무에 벼락을 내렸을 뿐, 이목을 죽이려다 실수로 배나무에 벼락을 내린 것이 아님을 알 수 있다.

④ 비를 내리게 한 것은 보양 스님의 지시를 받은 이목이다. 이에 옥황상제는 하늘의 뜻을 모르고 비를 내렸다 하여 이목을 죽이려 천사를 보냈다. 즉 옥황상제는 보양 스님이 아니라 이목을 벌하려고 천사를 보낸 것이다.

15 ③

③ 경상 지역 방언을 쓰는 사람들이 구별하지 못하는 발음과 평안도 및 전라도와 경상도 일부에서 제대로 분별해서 발음하지 않는 경우를 예로 들었으므로 지역에 따라 구별되지 않는 소리가 있다고 주장하고 있다.

① 제시된 글에서 주장하는 바는 지역에 따라 특정 모음과 자음 소리가 구별되지 않는다는 것일 뿐, 이를 지역마다 다양한 소리가 있다고 말할 수는 없다.

② 제시된 글에서 주장하는 바는 지역에 따라 특정 모음과 자음 소리의 발음이 구별되지 않는다는 것일 뿐, 지역마다 다른 표준 발음법이 있다고 말할 수 없다.

④ 제시된 글에서 말한 예시는 일부이기에 '자음보다 모음을 변별하지 못하는 지역이 더 많다'고 말할 수 없다.

16 ②

괄호 바로 앞, '생산량의 수위를 지켜 왔던 기업들의 호시절도 끝난 분위기다.'라고 했으므로 권세는 십 년을 가지 못한다는 뜻으로, 아무리 높은 권세라도 오래가지 못함을 이르는 말인 권불십년(權不十年)이 적절하다. 또한 글의 마지막 부분에 '하지만 이들이라고 영속 불멸하지는 않을 것이다.'라는 부분도 정답의 단서가 된다고 볼 수 있다.

① **切齒腐心**(절치부심) : 몹시 분하여 이를 갈며 속을 썩임

③ **我田引水**(아전인수) : 자기 논에 물 대기라는 뜻으로, 자기에게만 이롭게 되도록 생각하거나 행동함을 이르는 말.

④ **內憂外患**(내우외환) : 나라 안팎의 여러 가지 어려움.

17 ①

① 처음 부분에서, 집단으로 모인 사람들이 자신들의 감성을 침묵하게 하고 지성만을 행사하는 가운데 그들 중 한 개인에게 그들의 주의가 집중되도록 할 때 희극이 발생한다고 했으므로 관객의 감성이 집단적으로 표출된 결과라고 한 것은 적절치 못하다.

18 ③

㉠에는 임 씨가 노력한 만큼 대가를 받지 못하고 힘들게 살아가는 상황에 대한 안타까움이 드러나 있다. ③에도 남편이 아침부터 해가 저물 때까지 산 밭을 일구느라 고생하는 상황에 대한 안타까움이 드러나 있다.

① **박남수 〈아침이미지〉** : '즐거운 지상의 잔치', '태양의 즐거운 울림'이라는 표현을 통해 생동감 넘치는 아침의 모습에서 느껴지는 신선한 분위기와 그에 대한 예찬이 드러나고 있다

② **김소월 〈산유화〉** : 저만치 혼자 피어있는 '꽃'과 그 꽃이 좋아 산에 사는 '작은 새'를 통해 존재 본연의 고독을 느낄 수 있다.

④ **김상옥 〈사향〉** : 눈을 감으면 떠오르는 풍경의 묘사를 통해 그 공간에 대한 그리움을 알 수 있다.

19 ④

제시된 글은 '기존의 의학적 연구가 특정 연령대 성인 남성의 몸을 표준으로 삼아, 성별과 다양한 연령대의 신체적 특성을 고려하지 못했음'을 지적하고 있다. 둘째 문단에서는 '적정 사무실 온도'가 남성 직장인에게 맞춰져 있다는 것을 문제로 삼았다. 하지만 모든 공공기관의 설정 온도를 현재보다 '일률적으로' 높이는 것은 근무자들의 성별이나 다양한 연령대를 고려하지 않은 것이기에 이 글의 시사점으로 적절하지 않다.

20 ③

㉠ '연극에서의 관객의 공감'이라는 것과 연관 지어 글의 내용을 살펴볼 때 둘째 문단에서 "그는 셰익스피어의 위대한 희곡임을 알아보자 품위 있고 고풍스럽게 큰 목소리로 낭독했다. 그는 유려한 어조로 전쟁에서 희생된 이들의 이름을 읽어 내려갔다. 그러나 청중들은 듣는 둥 마는 둥 했다."라고 했으므로 전문 배우의 연기력과 관계없이 훌륭한 고전이라고 해서 항상 청중의 공감을 불러일으킬 수 있는 것은 아니라는 것을 알 수 있다.

2020. 7. 18. | 일반군무원 시행

1 ④

④ '장미꽃이 피었다'의 주술구조를 보이는 홑문장이다.
① 관형절(빨간 모자)을 안은문장
② 종속적으로 이어진 문장
③ 대등하게 이어진 문장

2 ③

① 인생을 살다 보면 남을 도와주기도 하고 남에게 도움을 받기도 한다.
② '환담(歡談)'은 '정답고 즐겁게 주고받는 이야기'를 말하는 것으로 문장에 주어진 상황에 적절하지 않다.
④ '여간하다'는 '아니다', '않다' 등의 부정어 앞에서 '이만저만하거나 어지간하다'의 뜻으로 쓰인다. 따라서 '여간한 우대였다 → 여간한 우대가 아니었다'로 고쳐야 한다.

3 ②

② 스크린 도어(screen door) → 안전문

4 ①

① 문장에서 '블루칼라'는 생산직에 종사하는 노동자를 나타내는 표현으로 사용되었다. 이는 하나의 사물이나 관념을 나타내는 말이 경험적으로 그것과 밀접하게 연관된 다른 사물이나 관념을 나타내도록 표현하는 수사법인 대유법이 사용된 것이다. 즉, 생산직에 종사하는 노동자를 그들이 입는 작업복의 색으로 표현한 것이다.
②③④는 모두 은유법에 해당한다.

5 ②

제시된 글의 마지막 문장인 '매일 일정량의 운동을 실천하여 운동을 하나의 생활 습관으로 정착시키는 것이다'가 핵심이라고 할 수 있다. 따라서 글을 가장 잘 요약한 것은 ②이다.

6 ④

④ 파열음 'ㄱ'은 첫소리에는 'g'로 쓰고 받침에는 'k'로 쓴다. 따라서 금강은 Geumgang으로 쓰는 것이 로마자 표기법 규정에 맞다.

7 ③

①②④의 '보다', '잡다', '안다'의 사동형과 피동형은 모두 '보이다', '잡히다', '안기다'로 그 형태가 동일하다.
③ '밀다'의 경우 '밀리다'가 피동형으로만 성립한다. 사동형으로 쓰기 위해서는 '밀게 하다'로 써야 한다.

8 ①

① **패랭이에 숟가락 꽂고 산다** : 아주 가난하여 떠돌아다니며 얻어먹을 정도임을 비유적으로 이르는 말
② **태산 명동(鳴動)에 서일필(鼠一匹)이라** : 태산이 쩡쩡 울리도록 야단법석을 떨었는데 결과는 생쥐 한 마리가 튀어나왔을 뿐이라는 뜻으로, 아주 야단스러운 소문에 비하여 결과는 별것 아닌 것을 비유적으로 이르는 말
③ **터진 방앗공이에 보리알 끼듯 하였다** : 1. 버리자니 아깝고 파내자니 품이 들어 할 수 없이 내버려 둘 수밖에 없음을 비유적으로 이르는 말. 2. 성가신 어떤 방해물이 끼어든 경우를 비유적으로 이르는 말
④ **보리누름까지 세배한다** : 보리가 누렇게 익을 무렵 즉 사오월까지도 세배를 한다는 뜻으로, 형식적인 인사 차림이 너무 과함을 이르는 말

9 ④

④ '순서가 두 번째가 되는 차례의'라는 의미로, 체언인 '며느리'를 수식하는 관형사이다.
① '다른 사람과 어울리거나 함께 있지 아니하고 동떨어져서'라는 의미로, '먹고 있었다'를 수식하는 부사이다.
② '조금도 틀림없이 꼭. 또는 더 이를 데 없이 정말로'라의 의미로, 용언 '가시겠다면'을 수식하는 부사이다.
③ '여럿 가운데 가장'의 의미로, '좋아하다'를 수식하는 부사이다.

10 ③

③ **紡疫 → 防疫** : 전염병이 발생하거나 유행하는 것을 미리 막는 일

11 ③

③ '만'은 횟수를 나타내는 말 뒤에 쓰여 '앞말이 가리키는 횟수를 끝으로'의 뜻을 나타내는 의존명사이다. 따라서 '세 번만 → 세 번 만'으로 띄어쓴다.

① **차** : '목적'의 뜻을 더하는 접미사

② **만큼** : 앞의 내용에 상당한 수량이나 정도임을 나타내는 의존명사

④ **들** : 두 개 이상의 사물을 나열할 때, 그 열거한 사물 모두를 가리키거나, 그 밖에 같은 종류의 사물이 더 있음을 나타내는 의존명사

12 ②

② 집에서 손님을 보낼 때 손위 사람에게 할 수 있는 인사말로는 '안녕히 가십시오.' 또는 '살펴 가십시오.' 등이 있다.

① '좋은 아침!'은 영어의 'Good morning'을 직역한 표현으로 언어 예절에 적절하지 않다.

③ '-십시오'는 정중한 명령이나 권유를 나타내는 종결 어미로, 윗사람에게 명령형 표현을 사용하는 것은 언어 예절에 적합하지 않다.

④ 관공서에서 손님이 들어올 때는 우선 '어서 오십시오.' 등과 같이 인사를 건넨 후 '무엇을 도와 드릴까요?'와 같이 묻는 것이 적절하다. 들어오는 손님에게 바로 방문 목적을 묻는 것은 사무적인 느낌이 강하다.

13 ①

㈎의 내용은 훈민정음 28자를 만든 방법과 소리에 대한 설명이다. 따라서 ①에 들어가는 것이 가장 적절하다.

14 ③

㉠ 앞의 문장에서 '전환이 무궁하고 간요하며 모든 음에 정통하였다'고 훈민정음의 특징을 언급하고, 뒤로 배우기가 쉽다는 내용이 이어지고 있으므로, '그래서', '그러므로' 등처럼 앞의 내용이 뒤의 내용의 원인이나 근거 · 조건 따위가 될 때 쓰는 접속 부사가 들어가는 것이 적절하다.

15 ②

① '하루'와 '일과'는 의미가 중복되고, '일과를'과 "데서 시작한다'가 자연스럽게 호응하지 않는다. 따라서 '그의 하루 일과를 → 그의 일과는'으로 고친다.

③ '하물며'와 '덤볐다'의 호응이 어색하다. '하물며 네가 풀겠다고 덤비다느냐', '하물며 네가 풀겠다고 덤비다니' 등처럼 고치는 것이 자연스럽다.

④ '당부하고 싶은 것은'과 '바랍니다'의 호응이 어색하다. '당부하고 싶은 것은 주변 환경을 탓하지 말라는 것입니다'처럼 고치는 것이 자연스럽다.

16 ③

'성기다'로 '물건의 사이가 뜨다'의 의미이다. 따라서 '성김'과 '빽빽함'은 반의 관계에 있다.

③ '푼푼하다'는 '모자람이 없이 넉넉하다'는 뜻으로 '넉넉하다'와 유의 관계에 있다.

17 ④

㉠ '액체 속에 넣다'는 의미의 '담그다'는 '담가', '담그니' 등처럼 활용한다. 따라서 '담궈 → 담가'로 고친다.

㉣ '양념을 한 고기나 생선, 채소 따위를 국물에 넣고 바짝 끓여서 양념이 배어들게 하다'는 표현은 '조리다'이다. 따라서 '졸였다 → 조렸다'로 고친다.

㉥ '-느라고'는 '앞 절의 사태가 뒤 절의 사태에 목적이나 원인이 됨'을 나타내는 연결 어미이다. 따라서 '자기 나름대로 꽤 노력했음'을 나타내고자 할 때는 '-노라고'를 쓴다.

18 ④

선비의 덕목과 가장 먼 한자성어를 골라야 한다.

④ **梁上君子**(양상군자) : 들보 위의 군자라는 뜻으로, 도둑을 완곡하게 이르는 말

① **見利思義**(견리사의) : 눈앞의 이익을 보면 의리를 먼저 생각함

② **勞謙君子**(노겸군자) : 애쓰고 노력하면서도 겸손한 선비

③ **修己安人**(수기안인) : 스스로를 갈고 닦아 사람을 평안하게 하는 것

19 ③

'기쁨의 열매'에서 '-의'는 앞 체언이 관형어 구실을 하게 하며, 앞 체언이 뒤 체언에 대하여 비유의 대상임을 나타내는 관형격 조사이다. 이와 같이 쓰인 것은 ③이다.

①②④는 모두 주어 - 술어의 관계로, '-의'가 주격 조사로 쓰였다.

20 ④

④ 정착(定着) : 새로운 문화 현상, 학설 따위가 당연한 것으로 사회에 받아들여짐.

① 정돈(整頓) : 어지럽게 흩어진 것을 규모 있게 고쳐 놓거나 가지런히 바로잡아 정리함.

② 정제(精製) : 물질에 섞인 불순물을 없애 그 물질을 더 순수하게 함.

③ 정리(整理) : 흐트러지거나 혼란스러운 상태에 있는 것을 한데 모으거나 치워서 질서 있는 상태가 되게 함.

21 ①

① '페르소나'는 '사회에서 요구하는 역할에 적응하면서 얻어진 자아의 한 측면'이므로 현실적인 속성을, '그림자'는 '인간의 원시적인 본능 성향'을 의미하므로 근원적인 속성을 갖고 있다.

22 ②

② '끊기다'는 [끈키다]가 표준 발음이다. 표준 발음법 제12항 1에 따르면, 'ㅎ(ㄶ, ㅀ)' 뒤에 'ㄱ, ㄷ, ㅈ'이 결합되는 경우에는, 뒤 음절 첫소리와 합쳐서 [ㅋ, ㅌ, ㅊ]으로 발음한다.

① 맑고[말꼬] : (표준 발음법 제11항) 겹받침 'ㄺ, ㄻ, ㄿ'은 어말 또는 자음 앞에서 각각 [ㄱ, ㅁ, ㅂ]으로 발음한다. 다만, 용언의 어간 말음 'ㄺ'은 'ㄱ' 앞에서 [ㄹ]로 발음한다.

③ 맏형[마텽] : (표준 발음법 제12항) 1. [붙임 1] 받침 'ㄱ(ㄺ), ㄷ, ㅂ(ㄼ), ㅈ(ㄵ)'이 뒤 음절 첫소리 'ㅎ'과 결합되는 경우에도, 역시 두 음을 합쳐서 [ㅋ, ㅌ, ㅍ, ㅊ]으로 발음한다.

④ 밟고[밥 : 꼬] : (표준 발음법 제10항) 겹받침 'ㄳ', 'ㄵ', 'ㄼ, ㄽ, ㄾ', 'ㅄ'은 어말 또는 자음 앞에서 각각 [ㄱ, ㄴ, ㄹ, ㅂ]으로 발음한다. 다만, '밟-'은 자음 앞에서 [밥]으로 발음하고, '넓-'은 '넓죽하다[넙쭈카다], 넓둥글다[넙뚱글다]' 같은 경우에 [넙]으로 발음한다.

23 ①

① '도시락'은 단일어이다.

② '선생님'은 '선생 + 님(접미사)'의 복합어(파생어)이다.

③ '날고기'는 '날(접두사) + 고기'의 복합어(파생어)이다.

④ '밤나무'는 '밤 + 나무'의 복합어(합성어)이다.

24 ②

제시된 글에서 '항생제의 내성 정도'에 대한 내용은 언급되지 않았다.

25 ④

④ 논점 일탈의 오류(무관한 결론의 오류)

①②③ 의도 확대의 오류

2020. 9. 19. | 제2차 경찰공무원(순경) 시행

1 ②

② '닫는다'가 [단는다]로 발음되는 것은 'ㄷ'이 비음인 'ㄴ' 앞에서 비음 'ㄴ'으로 발음되는 것으로 비음화에 해당한다. 유음화는 'ㄴ'이 'ㄹ'의 앞이나 뒤에서 'ㄹ'로 변하는 현상을 말한다.

2 ②

② ㈎의 예문에서 '했더니'는 어간 '하-' + 과거선어말어미 '-었-' + 연결 어미 '-더니'의 결합이다. 따라서 ㉡에 들어갈 말은 '연결 어미'이다.

3 ④

④ '훗일'은 한자어 '후(後)'와 고유어 '일'이 결합하여 형성된 합성어로, [훈 : 닐]로 발음되는 사잇소리 현상을 표시한 사이시옷이다.

① 무릇[무른] ② 엇셈[얻쎔] ③ 웃어른[우더른]

4 ①

① '됴흔', '기프니', '말쓰미'는 기본 형태를 밝혀 적지 않고 소리 나는 대로 적는 연철 표기로, 기본 형태를 밝혀 적는다면 '둏은', '깊으니', '말씀이'로 적어야 한다.

② '뽀메'는 '쓰(어간) + -움(명사형 어미) + -에(조사)'의 구성으로, 명사형 어미 '-움'이 쓰였다. 중세국어에서 명사형 어미는 양성 모음 뒤에서 '-옴', 음성 모음 뒤에서 '-움'의 형태로 쓰였다.

③ '듣줍고'는 목적어 '세존ㅅ 말'을 높이고 있다. 따라서 객체높임에 해당하며 '-줍-'은 객체높임 선어말 어미이다.

④ '내히'는 '냏 + 이(주격조사)'로, 주격 조사 '-이'가 쓰였다.

5 ①

㉠ 'fighting'을 '파이팅'으로 표기하는 것은 외래어 표기법 제2장 표기 일람표에 따라 국제 음성 기호 'f'에 해당하는 것은 'ㅍ'으로 표기하기 때문이다.

6 ④

① 껍질채 → 껍질째

② 모르는 채를 → 모르는 체를

③ 기대앉은 체로 → 기대앉은 채로

7 ④

④ ㉣ : '같다'는 형용사이므로 띄어 쓰는 것이 옳다.

8 ③

③ ㉢ : 에서 인용 동사 '하다'의 주체는 '선생님'이다. 따라서 '하셔'가 올바른 표현이다.

9 ③

부사어는 문장의 필수 성분은 아니지만 서술어에 따라서는 필수적인 성분이 되기도 한다. 동사 '주다, 삼다, 넣다, 두다' 등과 형용사 '같다, 비슷하다, 닮다, 다르다' 등은 반드시 부사어를 필요로 한다.

③ '동생과'는 생략해도 무방하므로 수의적 부사어로 필수적 문장 성분에 해당하지 않는다.

①②④ 부사어를 생략하면 문장이 성립하지 않으므로 필수적 부사어로 필수적 문장 성분에 해당한다.

10 ②

② ㉡ : 중복된 의미 없이 바르게 쓰인 문장이다. '불리던'을 '불려지던'(이중피동)으로 쓰지 않게 주의해야 한다.

① ㉠ : '비단'은 부정하는 말 앞에서 '다만', '오직'의 뜻으로 쓰이는 부사이다. 따라서 '비단 나뿐이었다 → 비단 나뿐이 아니었다'로 고쳐야 한다.

③ ㉢ : 전체 부정과 부분 부정이 중의적으로 표현되었다. 따라서 전체 부정의 의미일 경우 '아무도 오지 않았어'로, 부분 부정의 의미일 경우 '다는 오지 않았어'로 고친다.

④ ㉣ : '발등'은 문장에서 부사어로 쓰였다. 따라서 '발등의 불 → 발등에 불'로 고쳐야 한다.

11 ②

㈏ 색채가 사람의 감정에 영향을 미친다는 사실을 바탕으로 친구의 집을 둘러 봄

㈎ 친구 집의 색채

㈐ 친구가 집의 색채를 ㈎와 같이 선택한 이유에 대한 설명

12 ③

제시된 글은 카슨의 저서인 "침묵의 봄"이 탄생하게 된 배경에 대한 서평이다. 서평은 평론의 한 형식으로, 논리적은 글을 읽을 때는 ①②④ 등에 유의해야 한다.

13 ④

④ 대조적인 의미의 시어를 반복하여 시적 대상을 형상화하는 것은 나타나지 않는다.

① '나'라는 화자가 등장하여 1인칭의 고백적 어조를 사용하고 있다.

② 화자는 '생명이 부대낄 때' 그것을 구하러 '열사의 끝'인 '아라비아 사막'으로 간다. 즉, 생명이 없는 곳에서 생명을 구하는 설정이 역설적인 논리라고 볼 수 있다.

③ 1연의 '병든 나무'는 '독한 회의를 구하지 못하고 삶의 애증을 다 짐지지 못해' 괴로워하는 화자를 비유한 표현이다.

※ **유치환, 「생명의 서」**

㉠ **갈래** : 자유시, 서정시

㉡ **성격** : 의지적, 관념적, 상징적

㉢ **특징**

- 남성적인 강한 어조
- 역설적인 논리를 통해 생명의 본질을 추구

㉣ **주제** : 생명의 본질에 대한 추구

14 ①

제시된 작품은 주인공 구보가 동대문행 차를 타고 이동하는 여정 속에서 구보의 시선과 의식의 흐름에 따라 내용이 전개되고 있다.

① 다양한 체험을 통한 인물 간의 극적 갈등은 나타나지 않는다.

※ **박태원, 「소설가 구보씨의 일일」**

㉠ **갈래** : 현대소설, 심리소설, 모더니즘 소설

㉡ **성격** : 심리적, 관찰적, 묘사적

㉢ **배경** : 시간 – 1930년대, 공간 – 서울 시내

㉣ **특징**

- 주인공의 의식의 흐름에 다라 내용이 전개
- 하루 여정에 따라 사건이 전개되는 여로형 구성
- 당대 서울의 세태를 구체적으로 묘사

㉤ **주제** : 무기력한 소설가의 눈에 비친 1930년대 서울의 일상과 일상성의 회복을 꿈꾸는 지식인의 내면 의식

15 ④

제시된 작품은 강원도 정선 지방 민요인 '정선 아리랑'의 일부이다.

④ '골계미'는 풍자와 해학을 통해 우스꽝스러운 상황이나 인간상을 구현하며 익살을 부리는 가운데 어떤 교훈을 주는 것으로, 판소리의 특징이다.

16 ③

③ 제시된 글은 어사또와 운봉의 대화와, 어사또가 지은 한시의 내용이 구체적으로 제시되고 있다. 따라서 요약적 진술을 통해 사건이 빠르게 진행되고 있다는 설명은 적절하지 않다.

① '어사또 상을 보니 어찌 아니 통분하랴.' 등을 통해 서술자가 작품에 개입하여 상황을 제시하고 있음을 알 수 있다.

② 어사또가 지은 한시에 당대 사회의 현실 고발적인 내용이 포함되어 있다.

④ '운봉의 갈비(사람의 갈비)를 직신'과 '갈비(고기 갈비) 한 대 먹고지고'는 동음이의어를 활용한 언어 유희적 표현이다.

17 ①

㉠ : 금준미주(金樽美酒)는 천인혈(千人血)이요 → 금동이의 아름다운 술은 일만 백성의 피요,

㉡ : 가성고처(歌聲高處) 원성고(怨聲高)라 → 노랫소리 높은 곳에 원망소리 높았더라.

18 ③

도연명의 '도화원기'에서 이상향이나 별천지를 비유적으로 이르는 말로 '武陵桃源(무릉도원)'이라는 표현이 유래되었다.

① **安分知足**(안분지족) : 편안한 마음으로 제 분수를 지키며 만족할 줄을 앎

② **簞瓢陋巷**(단표누항) : 누항에서 먹는 한 그릇의 밥과 한 바가지의 물이라는 뜻으로, 선비의 청빈한 생활을 이르는 말

④ **風月主人**(풍월주인) : 맑은 바람과 밝은 달 따위의 아름다운 자연을 즐기는 사람

19 ④

제시된 글은 시대별 독서 방법, 글쓰기의 양상 등 독서 문화에 대해 설명하고 있다.

④ 독서 방식에 따른 독서 가치의 변화에 대해서는 언급되지 않았다.

20 ①

① 제시된 부분은 시간의 흐름에 따라 사건이 전개되고 있다. 따라서 역순행적 구성으로 보기 어렵다.

※ **작자미상, 「박씨전」**

㉠ **갈래** : 한글소설, 군담소설, 여걸소설

㉡ **성격** : 전기적, 영웅적

㉢ **시점** : 전지적 작가 시점

㉣ **배경** : 시간 – 병자호란, 공간 – 조선

㉤ **특징**

- 실존 인물을 등장시켜 사실성 제고
- 변신 모티브 반영
- 여성 상위적 요소

㉥ **주제** : 청나라에 대한 적개심과 박씨의 애국충정

당신의 꿈은 뭔가요?

MY BUCKET LIST !

꿈은 목표를 향해 가는 길에 필요한 휴식과 같아요.
여기에 당신의 소중한 위시리스트를 적어보세요. 하나하나 적다보면 어느새 기분도 좋아지고 다시 달리는 힘을 얻게 될 거예요.

- [ ]
- [ ]
- [ ]
- [ ]
- [ ]
- [ ]
- [ ]
- [ ]
- [ ]
- [ ]
- [ ]
- [ ]
- [ ]
- [ ]
- [ ]
- [ ]
- [ ]
- [ ]
- [ ]
- [ ]
- [ ]
- [ ]
- [ ]
- [ ]
- [ ]
- [ ]
- [ ]
- [ ]
- [ ]
- [ ]
- [ ]
- [ ]
- [ ]
- [ ]
- [ ]
- [ ]
- [ ]
- [ ]
- [ ]
- [ ]
- [ ]
- [ ]
- [ ]
- [ ]
- [ ]
- [ ]
- [ ]
- [ ]
- [ ]
- [ ]
- [ ]
- [ ]
- [ ]
- [ ]

창의적인 사람이 되기 위해서

정보가 넘치는 요즘, 모두들 창의적인 사람을 찾죠.
정보의 더미에서 평범한 것을 비범하게 만드는 마법의 손이 필요합니다.
어떻게 해야 마법의 손과 같은 '창의성'을 가질 수 있을까요. 여러분께만 알려 드릴게요!

01. 생각나는 모든 것을 적어 보세요.

아이디어는 단번에 솟아나는 것이 아니죠. 원하는 것이나, 새로 알게 된 레시피나, 뭐든 좋아요.
떠오르는 생각을 모두 적어 보세요.

02. '잘하고 싶어!'가 아니라 '잘하고 있다!'라고 생각하세요.

누구나 자신을 다그치곤 합니다. 잘해야 해. 잘하고 싶어.
그럴 때는 고개를 세 번 젓고 나서 외치세요. '나, 잘하고 있다!'

03. 새로운 것을 시도해 보세요.

신선한 아이디어는 새로운 곳에서 떠오르죠. 처음 가는 장소, 다양한 장르에 음악, 나와 다른 분야의 사람.
익숙하지 않은 신선한 것들을 찾아서 탐험해 보세요.

04. 남들에게 보여 주세요.

독특한 아이디어라도 혼자 가지고 있다면 키워 내기 어렵죠.
최대한 많은 사람들과 함께 정보를 나누며 아이디어를 발전시키세요.

05. 잠시만 쉬세요.

생각을 계속 하다보면 한쪽으로 치우치기 쉬워요. 25분 생각했다면 5분은 쉬어 주세요.
휴식도 창의성을 키워 주는 중요한 요소랍니다.

희망찬
내일을
기원합니다

수험서 BEST SELLER

공무원

9급 공무원 파워특강 시리즈
국어, 영어, 한국사, 행정법총론, 행정학개론, 교육학개론, 사회복지학개론, 국제법개론

5, 6개년 기출문제
영어, 한국사, 행정법총론, 행정학개론, 회계학, 교육학개론, 사회복지학개론, 사회, 수학, 과학

10개년 기출문제
국어, 영어, 한국사, 행정법총론, 행정학개론, 교육학개론, 사회복지학개론, 사회

소방공무원
필수과목, 소방학개론, 소방관계법규, 인·적성검사, 생활영어 등

자격증

사회조사분석사 2급 1차 필기

생활정보탐정사

청소년상담사 3급(자격증 한 번에 따기)

임상심리사 2급 기출문제

NCS기본서

공공기관 통합채용